仕事が人生

~すべては学びの人生だった~

外食産業を駆け抜けた男の遺稿《ことば》

共著　五十嵐茂樹／富田昭次

プロローグ
すべてのサービスパーソンへ

五十嵐由美子

夫が人生を捧げた外食産業、フードビジネスとは何だったのか

一冊の本を出すこと、それは、素人がちょっと想像しても大変なことだと思います。けれども、私は敢えて困難な課題に向き合い、おこがましいことですが、この本の出版に奔走しました。それには、二つの理由があったからです。順次、お話しいたします。

私の夫、五十嵐茂樹は「外食産業の戦士」とでも呼べる人でした。中途採用の一人の研修生という身分を振り出しにして猛勉強し、成長して産業人を教育する立場になり、企業再生の事業を手がけるまでに至りました。

その間、単身赴任も辞さず、家庭も顧みずに仕事に打ち込んでいました。１９８０年代後半頃、テレビから「24時間戦えますか」というＣＭが流れ、流行語となりましたが、まさにその言葉に背中を押され、それを実行した人でした。

プロローグ

私事になりますが、こんなことがありました。長男が6歳の時、腹膜炎を患い、そのとき、医師からこう言われたのです。

「残念ながら、お子さんはかなり危険な状態にあります。そのため、緊急手術を行ないますが、助けられるかどうかわかりません。もちろん、最善を尽くしますが、覚悟はしておいてください」

夫は半日の休みを取って病院に駆けつけてくれました。繰り返しますが、わずか半日です。

結局、手術に立ち会い、止むを得ず一日休むことになりましたが、翌日には何事もなかったかのように出勤していました。幸い、息子が一命を取り留めたという安心感があったからなのでしょうが、それほどの企業戦士だったとも言えるでしょう。

夫は、家庭では仕事の話をあまりしませんでしたが、後にこう話してくれたことがあります。自分は、学生のときは勉強しなかったけど、ロイヤル（当時の「ロイヤルホスト」を展開するロイヤル株式会社）に入ってからは人の三倍勉強し、人の三倍働いたんだ、と。やはり、本人も企業戦士を自覚していたのですね。

では、なぜ、それほどまでに、自分の人生を外食産業に捧げることができたのか。私の頭の中には、いつもその疑問が渦巻いていました。ですから、その疑問を解き、納得するために、この本をまとめたと言えるかもしれません。

さらに言えば、夫が身を捧げるに至った外食産業とは何なのか、その核心のほんの一端でも触れることができればと思いました。そして、それが外食産業で働く人々の指針にもなるかもしれない、とも思いました。そのような経緯で刊行されたのが本書です。これが第一の理由になります。

尊敬に値する人物に見守られたという幸運

大学を卒業した夫は、私の兄の些細なアドバイスから外食産業に目を向け、ロイヤル株式会社に入社することができました。振り返ってみますと、そのことが大きな幸運でした。同じ業種でも、もしロイヤルでなかったら、その後の人生はどうなっていたでしょうか。果たして、そのまま外食産業の道を歩み続けられたでしょうか。

と言いますのも、夫は、同社専務の井上恵次氏に見出され、創業者で社長の江頭匡一《きょういち》氏に認められました。夫の立場から見れば、社会人になって初めて尊敬に値する人物に出会えたのです。それで発奮することができたのですね。外食産業に対する関心も高まったからでしょうが、優れた人物・経営者に見守られ、育てられたからこそ、存分に力を発揮できたのではないでしょうか。

さて、こうしてロイヤルで実力を蓄え、退職後にコンサルタントとして独立。前述しましたように、経営危機に陥りそうになった飲食企業を再建するという機会も与えられるようになりました。まさに「外食産業の戦士」冥利《みょうり》に尽きるような仕事人生を送ることができたのです。

エピソードを一つお話しします。びっくりドンキーを運営する株式会社アレフの再建に取り組んだときのことです。若いスタッフをどう教育していくか、その方法を模索していたとき、ふと、漫画を思いつきました。漫画にしたら、若い人に伝わりやすいのではないか、と。

それで、自ら漫画家（加藤美保さん）を探し、自分で絵コンテを描きながら、こんな感じに仕上げてほしいと依頼していました。こうして『アレフの風』（２０００年刊）という本ができたのですが、実に楽しそうでした。あれほど嬉々としていた夫も珍しかったですね。

そう言えば、夫が大切に保存していたものに江頭さんのインタビュー記事がありますが、その中で、江頭さんはこう語っています。

「一生懸命、打ち込めば、その分野についての感性は出てくるような気がする」（『実業の日本』１９８８年７月１日号）

夫も、一生懸命打ち込むうちに感性が育っていったのでしょうね。

病を得ても仕事を優先した日々

この、順風満帆な仕事人生を送っていた一人の「外食産業の戦士」が、ある日、冷酷な宣告を受けました。肺腺癌という病の宣告です。それでも、まだほかに転移していないという〝朗報〟を頼りに、その後の計画を立て、またコンサルタントの仕事で出張を重ねました。

しかし、やがて死期を悟る日が来ます。そんな夫に対して、私は何ができるのか――自問自答しました。そこで「五十嵐茂樹の通知表」なるものを編み出しました。これまでご縁のあった方々に夫の現状をお伝えし、これまでの働きぶりなどを採点していただき、メッセージをお寄せいただこうと考えたのです。

ただ、どのような方法で制作すればよいかがわかりません。たまたま、幸運にも、友人の堀野すみ江さんがパソコンに詳しい方でしたので（しかも、驚くべきことに、私よりも年上の、たいへんな努力家です）、彼女に相談しながら「通知表」を作成していくことができたというわけです。

そしてありがたいことに、多くの方からのご返事がありました。

プロローグ

例えば、「厳しさの中に、とても篤い人情をお持ちの方」、「五十嵐さんの本がバイブルになっています」、「いつもポジティブで、たくさんの人に慕われた五十嵐さんは〝星三つ〟です」、「叱られた記憶が多いのですが、いつも現場を視察された上でのことなので、納得するばかりでした」などと、温かい評価を寄せてくださいました。

このとき夫は、すでに病床にあり、呼吸が苦しい状態で話すのもやっとでしたので、私が読み上げると、嬉しそうに「そう、そう」と頷いていました。お一人お一人を思い出しては、どういう方か、途切れ途切れに話してくれました。

これで私も「最後のありがとう」が言えたかな、と思ったものでした。

ところが、夫が他界する前の二カ月間で書いた原稿を前にして、はたと気がつきました。夫の人生目標の中に「少なくとも三冊の本を出す」というものがあったのです。

生前、二冊の本を上梓していましたが、このままでは、この目標は未達成に終わってしまいます。

私はもう一度、自分に鞭打《むち》ちました。多くのことをやり残して無念であったであろう夫のために、残された者の使命として、もう一冊の本を出すことに力を振り絞りました。

こうして再び、多くの関係者の皆さんにお力添えのお願いをいたしました。それで刊行できたのが本書です。

以上が第二の理由です。これでようやく、夫に本当の「最後のありがとう」を言うことができました。

末尾となりましたが、出版に際し、多大なるご理解をいただきました株式会社オータパブリケイションズの太田 進代表取締役社長、編集作業に尽力してくださった同社の森下智美さん、そして、関係各者のコメントや夫の軌跡を生々しくよみがえらせていただきました作家の富田昭次様に深く感謝申し上げます。

2023年6月

プロローグ

通知表

株式会社ＩＭＳ	氏名	五十嵐 茂樹 殿

総合評価

◎指示待ちにならず、一人称で物事を捉え、自ら行動できる
◎論理的に答えを出すこと以上に、自ら課題提起し、解決のためのシナリオを描く、自律的な思考力がある
◎グループ内の協調性だけに留まらず、多様な人々との繋がりや協働を生み出す力がある
◎どんな時も周囲への思いやりを大切にしている

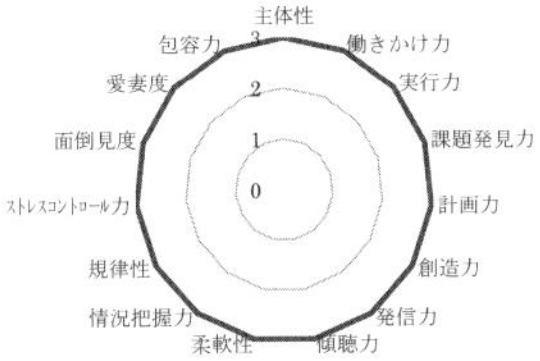

主体性	物事に進んで取り組む力	★★★
働きかけ力	他人に働きかけ巻き込む力	★★★
実行力	目的を設定し確実に行動する力	★★★
課題発見力	現状を分析し目的や課題を明らかにする力	★★★
計画力	課題の解決に向けたプロセスを明らかにし準備す力	★★★
創造力	新しい価値を生み出す力	★★★
発信力	自分の意見をわかりやすく伝える力	★★★
傾聴力	相手の意見を丁寧に聴く力	★★★
柔軟性	意見の違いや相手の立場を理解する力	★★★
情況把握力	自分と周囲の人々や物事との関係性を理解する力	★★★
規律性	社会のルールや人との約束を守る力	★★★
ストレスコントロール力	ストレスの発生源に対応する力	★★★
面倒見度	常に周囲の人々に気を配り、援助を惜しまない	★★★
愛妻度	仕事人間だが、どんな時も妻や家族への愛情は人一倍	★★★
包容力	相手のあるがままを受け入れられる器の大きさ	★★★

1

STORY「五十嵐茂樹」

科学と愛情——外食産業の核心を突いた男の物語

STORY「五十嵐茂樹」

科学と愛情——外食産業の核心を突いた男の物語

作家　富田昭次

本質を捉えた冷静で温かなまなざし

五十嵐茂樹は冷徹な眼を持っていた。1999年にこう記している（※1）。

——日本における食の産業化とは名ばかりだった。70年代半ばから80年代にかけての戦略は一に立地、二に立地で、日本経済の成長の波に乗って膨らんだだけだった——

茂樹は、さらにこんな厳しい言葉で評していた。

「単に水ぶくれ的に大きくなったのが現状である。一言で表現するならば『砂でビルを建てた企業群で、大波がくれば跡形もなくなる』と言ったところである」

その時代、茂樹自身が外食産業の渦中にいた。だが、後に、彼は高みから俯瞰《ふかん》し、急速に成長する外食産業全体の実像を見通すことになるのだ。

さらに彼は、外食産業を底辺から仰ぎ見て、核心を探り当てていた。茂樹は、こう続けるのである。

――顧客は決して企業規模で店を選ぶことはない。外食で求められるのは美味しさと楽しさと、安全性である。そして、今後、情報化が進めば進むほど、一番重要になってくるのは愛情であり、ホスピタリティーだ。それは人にしか実現できない――

外食産業人として八面六臂《はちめんろっぴ》の活躍を見せた五十嵐茂樹。

その茂樹を、一人前に育てたのは「外食王」と呼ばれた江頭匡一創業のロイヤル株式会社だった。彼は同社で、一研修生から教育部長へと一気に昇り詰めた。それは茂樹の人生の一つのハイライトとなった。

退職後も、企業再生に挑み、見通したように、多くの外食産業人を育てた。しかし、志半ばにして最期のときを迎える。

華やかだったロイヤル時代と、かろうじて希望を

五十嵐茂樹とフードビジネス

1954年（昭和29年）10月22日　福井県坂井郡で誕生

56年（昭和31年）5月　ロイヤル株式会社設立

58年（昭和33年）4月　回転寿司の第1号「廻る元禄寿司」が開店

58年（昭和33年）7月　帝国ホテルがバイキング形式を導入

58年（昭和33年）12月　東京タワーが完成

63年（昭和38年）株式会社コロワイド設立

64年（昭和39年）10月　東京五輪開催

1967年（昭和42年）4月　春江町立（現 坂井市立）春江中学校入学。吹奏楽部でトロンボーン担当

68年（昭和43年）12月　外食産業初の売上高順位発表（『週刊ホテルレストラン』）。実質的な第1位は日本食堂

69年（昭和44年）6月　日本の前年度国民総生産（ＧＮＰ）が世界第2位に

つないだ病気治療期。それらの日々の茂樹を追っていくと……

「東京は、あかん」と母が猛反対

五十嵐茂樹は、そこに何を見たのだろうか。

1980年2月。茂樹は、千葉市美浜区にあるロイヤルホスト幸町店に立っていた。目の前にはテーブルを囲んで賑やかに談笑する人々がいた。そして、その人たちから料理の注文を受け、出来上がった料理を人々の前に差し出す自分がいた。

ウェイターの仕事だけなら、喫茶店のアルバイトで慣れていた。

……だけど、アルバイトで感じたものとは何かが違うんだよな。統率のとれたスタッフの動き、組織だった厨房の雰囲気、広々とした空間に響き渡るお客様の楽しそうな声と食器が立てる軽やかな物音、これらが渾然《こんぜん》一体となって……

茂樹は、何かを摑《つか》もうとしていた。

その3年前の4月。大学を卒業すると、郷里の福井にある繊維商社に入社した。翌年、大阪に転勤を命じられると、あっけなく退職してしまった。その後、建材会社に就職したものの、度重なる日帰り出張で疲労が溜まり、居眠り運転で危うく命を失うような事態に遭遇した。

これ以上、こんな仕事は続けられないぞ。そう思っていた矢先——

「イガラシ、この会社はどうだ？　これから伸びる会社だぞ。応募してみろよ！」

大学の先輩で、妻・由美子の兄でもある義兄《あに》がいつものように先輩風を吹かせ、新聞広告を指差しながら、こう言った。

「ん？　どれどれ、ロイヤル株式会社……中途採用か」

義兄は京都に本社を置く外食企業・春陽堂に勤めていた。それだけに、外食業界の動向には詳しかった。

「そうだね、まあ、一応、履歴書を送ってみようか」

外食企業など、全く予期していなかった。

でも、将来性のある業界なら、意外に面白いかもしれないな。その業界に身を置く義兄の言うことなら、間違いないかも——そう思ったのだ。

ところが、である。

70年（昭和45年）3月　大阪で日本万国博覧会開催。6422万人が来場

1970年（昭和45年）4月　福井県立丸岡高等学校入学。同級生と音楽バンドを結成ドラム担当

70年（昭和45年）7月　すかいらーく第1号店が開店

70年（昭和45年）8月　東京各地で歩行者天国が始まる

70年（昭和45年）11月　日本ケンタッキー・フライド・チキン第1号店が開店

71年（昭和46年）4月　ミスタードーナツ第1号店が開店

71年（昭和46年）7月　マクドナルドが日本（銀座）に上陸

71年（昭和46年）6月　京王プラザホテル完成で新宿副都心開発が本格始動

71年（昭和46年）12月　ロイヤルホスト第1号店が開店

72年（昭和47年）2月　札幌冬季五輪開催

72年（昭和47年）4月　日本フランチャイズ

当時、ロイヤルでは、多くの企業が実施していたように、見込みのある人物に対して、念のために身辺調査を行なっていた。茂樹の母は、周囲の家からこのことを聞かされて驚き、猛反対した。

「茂樹、東京はあかん、ロイヤルゼリーの会社なんて、あかんぞ!」

「お母さん、そうじゃないよ。外食産業の会社なんだって」

ロイヤルの井上恵次専務は、茂樹のことを見込みがありそうだと評価し、採用を決めていた。が、茂樹が親の反対に遭っていることを知ると、自ら茂樹の母に電話をかけた。

「お母さん、ご安心ください。私どもは株式を上場している、きちんとした会社ですから大丈夫ですよ。茂樹君のことは、こちらでしっかりと面倒を見させていただきますよ」

茂樹も母を説得した。井上専務からの電話、そして本人の強い希望もあるとなれば、母も承服せざるを得なかった。

一方、茂樹にとっても、ロイヤル入社は人生の道筋を決める最大の選択になった。やがて、信奉することになるロイヤル創業者の江頭匡一《えがしらきょういち》と出会うことになるのだ。

「外食王」、その一歩を踏み出す

敗戦で羽田空港がまだハネダ・エアベースと呼ばれていた1951年10月25日、一機の旅客機が飛び立った。大阪を経由して福岡まで運航する民間空運の営業が日本航空により始まったのである。

飛行機好きの江頭は、この日を待ち受けていた。日航との間で機内食・空港レストラン事業の契約を結び、江頭もまた創業日を迎えた。福岡・板付の空港に到着した一番機・もく星号から降りた乗客はわずか17人だったが、こうして、後に「外食王」と呼ばれる江頭の第一歩が踏み出された。茂樹が生まれる3年前のことだ。

その後、江頭は事業を拡大していく。1953年には福岡市にレストランのロイヤル中洲本店（現在のレストラン花の木）を開業、その翌年にはロイヤル株式会社を設立して基盤を固めた。62年には業界に先駆けて、セントラルキッチン・システム（集中調理方式）を導入し始め、業務用冷凍料理の製造に着手した。

チェーン協会が社団法人として発足
72年（昭和47年）5月　沖縄が本土復帰
72年（昭和47年）この頃から飲食企業各社が社員研修機関を設け始める
73年（昭和48年）3月　第1回国際ホテル・レストラン・ショー開催
73年（昭和48年）4月　日本ショッピングセンター協会が設立される
73年（昭和48年）8月　カッパクリエイト株式会社（かっぱ寿司）創業
1973年（昭和48年）4月　拓殖大学政治経済学部入学。軽音楽研究会に入りメリーゴーランドでドラム担当
74年（昭和49年）1月　デニーズ第1号店が開店
74年（昭和49年）6月　日本フードサービスチェーン協会（現・日本フードサービス協会）が発足
74年（昭和49年）7月　札幌ラーメンのどさん子が米国どさん子フーズを設立して海外進出

そして、いよいよ郊外型ロイヤルホスト第一号店の開業だ。71年12月、北九州市黒崎をその記念すべき場所に選んだ。江頭が後にこう回想している。

「たびたび海外の外食産業事情を視察してきた経験から、日本にも主要道路沿いに郊外型ファミリーレストランの時代が来る」（※2）と先を読んで出店、以後、積極展開を進めていくのである。

ファミレスの時代がやって来た

江頭の予測は的中した。1978年から79年にかけて、経済誌がこぞって郊外型ファミリーレストランを取り上げ、誌面に次のような見出しを躍らせた。

「ファミリーレストランは宝の山か」（※3）

「郊外型ファミリーレストラン――外食産業の新しい波」（※4）

「競合激化する郊外型ファミリーレストラン」（※5）

そして、この頃には、国道沿いに何店舗も集中するようになり、朝のワイドショー番組などでも取り上げられるようになっていた。

1978年8月には、福岡証券取引所にロイヤルが上場された。すると、次のように報じられた。

「額面50円の新株を１５２０円の発行価格で、１８６万株募集した。ところが、まる４日間は〝商い〟が成立しなかった。買い注文が多すぎて、ストップ高となったのである。そして、５日目の引け間際に、やっと成立、株価は公募価格の約２倍の３１２０円であった」（※５）

実は、ロイヤル上場の４日前には、東京にも同様なことが起きていた。１９７０年に第一号店を出店したすかいらーくが東京店頭市場に登録されると、店頭市場にはすかいらーく旋風が吹き荒れ、「一株50円の額面の株が最高４７００円にまで昇った」という。当時は異常人気とも見られたが、「ともあれ、株式公開は外食産業の壮挙であった」（※６）と報じられた。

茂樹が人生を賭《と》して活躍できる場は、こうして整っていった。

75年（昭和50年）2月　吉野家が海外第1号店をデンバーに開店

75年（昭和50年）7月　沖縄国際海洋博覧会開催。３４９万人が来場

１９７６年（昭和51年）7月　大学3年の夏休みに軽音楽部のライブ合宿先である式根島にて、未来の妻と出会う

76年（昭和51年）7月　アレフ株式会社（びっくりドンキーほか）創業

１９７７年（昭和52年）3月　茂樹21歳、由美子19歳で入籍（妻の短大卒業後、78年10月挙式）

１９７７年（昭和52年）4月　株式会社田中洋行東京支店営業部員として入社

77年（昭和52年）この頃からカラオケ・ブーム始まる

77年（昭和52年）この年の米専門誌「世界のフードサービス企業ビッグ１００社」に日本企業49社が掲載

78年（昭和53年）5月　新東京国際空港（成田）が開港

飲食業に科学的システムを取り入れよ

茂樹が入社した頃、ロイヤルホストはまさに飛ぶ鳥を落とす勢いにあった。入社する2年半前の１９７７年8月には、首都圏第一号となる三鷹店が開業している。77年と言えば、茂樹が社会人になった年である。

この成長の源は、江頭の先進的な経営思想にあった。首都圏に進出する5年前、彼はこう述べているのだ。売上げ規模が大きくなっても、それだけでは産業としては認められない現状がある、と前置きしながら、「その大きな理由は人材の問題です。売上げの規模をいくら誇ってみても、その中核となる人材の質が他の産業と比べてレベルが低いというのでは、産業化されたとは言えません」（※7）

そのため、江頭は大学卒業者の採用に力を注ぐようになっていたのだ。１９７９年にこう語っている。

「当社は14年前から大学卒業生を採用しているが、そのころは「食べ物の会社が大卒を募集するなどとは噴飯《ふんぱん》もの」と笑われた。それでも当社があえて大卒採用に踏み切ったのは、飲食業も科学的にシステム化される時代となり、将来、産業として発展していくためには大学卒業生を訓練しなければならないと考えたからである」（※8）

料理は多分に文化的、芸術的ではあるが、いままでは、この比率が25％くらいで、あとの75％は科学の分野である、とも言い切っている。

そしてロイヤルは、1982年8月には世田谷区桜新町に東京本社（現在の東京本部）を設置した。その理由について、前出の井上専務は、江頭の意向を汲む形でこう明かしている。

「水商売と言われた当時、一部の銀行しか資金を貸してくれなかったため、この飲食業を産業化したい、他の産業と遜色ないだけの評価をしていただけるような仕事で、ロイヤルという会社の天井を自ら高くしていこうと考え」（※9）た。それで一番大きな東京市場に本拠地を構えたのだという。

茂樹は、やがて、ロイヤルのこうした経営思想に傾倒していくことになる。

憧れから生まれた理論武装

ロイヤルに入社して茂樹がまず感じたことは、江

79年（昭和54年）11月　焼肉店の店内環境を改善した無煙ロースターが登場
1980年（昭和55年）1月　長男誕生　同時期にロイヤル株式会社入社、ロイヤルホスト幸町店勤務
80年（昭和55年）4月　ドトールコーヒーショップ第1号店が開店
80年（昭和55年）6月　吉野家（国内270店・米国28店）が会社更生法の適用を受ける
81年（昭和56年）3月　神戸ポートアイランド博覧会開催。1610万人が来場
1982年（昭和57年）5月　ロイヤルホスト成田ニュータウン店オープニング店長
83年（昭和58年）4月　東京ディズニーランドが開業
1983年（昭和58年）6月　二男誕生
1983年（昭和58年）　ロイヤルホスト本木店（足立区）オープニング店長
85年（昭和60年）1月　日本ホテル・レストランサービス技能協会設立

頭をはじめとする経営陣のスマートなところだった。それまでの社会経験で出会ったことのない紳士たちが目の前に並んでいたのだ。茂樹は、彼らの格好良さに憧れた。

だが、やがて茂樹は、彼らの輝きが姿かたちや立ち居振る舞いに由来するものではなく、理論や知識から来るものだと理解するようになる。

自分もあの人たちのようになりたい——そんな願望が芽生えていった。

そこで、茂樹は本から知識を得るようにした。まず手に取ったのが、１９８２年に発行された『外食王の飢え』(※10)である。

これは、江頭をモデルにした小説だった。作者は経済小説で腕を振るっていた城山三郎。

茂樹はこの小説に夢中になった。自分がどのような世界に飛び込んだのか、それが手に取るようにわかった。飲食業が外食産業に発展していくその輝かしい軌跡、そして、次第に過酷な競争が巻き起こる光景が名うての小説家の目を通して展開されていたのだ。茂樹は武者震いした。

次に手に取ったのは、83年に発行された『1分間マネジャー』(※11)だ。後に座右の書となる同書の胆に銘じておくべき記述に、茂樹は線を引き、カギカッコで括《くく》った。

茂樹は同書をまず、「真のマネジメントとは」、「働く人々がいきいきと輝き、おのずと生産性の上がる組織とは」といった大きな課題解決に役立つものと理解した。

同書に、こんな一文がある。

「部下の力を借りることなしに、いったいどうして業績をあげられるかね？　わたしは部下と業績との両方に心を配る。この二つは、ともに手を取り合ういわば車の両輪なんだよ」

茂樹はこの箇所をカギカッコで括った。このとき、早くも自分の将来像を見ていたのかもしれない。

米国の巨大企業ゼネラル・エレクトリックの経営者、ジャック・ウェルチの著書も愛読した。しかし、江頭から勧められた大長編小説『徳川家康』までは手が届かなかった。

その小説は26巻もあり、あまりに長かった。

……さすがにこれは無理だなあ、と苦笑した。

読書を勧めた江頭は、34歳で胃の四分の三を切除するなど、茂樹が入社するまでに、たびたび手術を受けていた。それでも試食を繰り返すなど、まさに身を削るようにしてロイヤルを率いてきた。

85年（昭和60年）3月　茨城県筑波で国際科学技術博覧会開催。2033万人が来場

1985年（昭和60年）5月　福岡へ転勤（エリアマネージャー）

85年（昭和60年）10月　日本ソムリエ協会が第1回ソムリエ呼称認定試験を実施

87年（昭和62年）5月　株式会社ジャパンフードシステムズ設立

1986年（昭和61年）教育部長の辞令

89年（平成元年）3月　横浜博覧会開催　1334万人が来場

89年（平成元年）4月　消費税導入

89年（平成元年）7月　名古屋で世界デザイン博覧会開催。1518万人が来場

89年（平成元年）12月　東証平均株価が史上最高値（3万8915円）

90年（平成2年）4月　大阪で国際花と緑の博覧会（花の万博）開催。2313万人が来場

91年（平成3年）3月　バブル経済崩壊（内閣府景気基準日付により93年10月まで）

……江頭さんが身を削ってきたのなら、まだ若い俺は自分の時間を削りに削って努力しなければ駄目だ。

こう思った茂樹は、経営理論の本に没頭し、その理論を身に着けていった。

伸びゆく成田地区で初の店長就任

成田に新東京国際空港が開港して4年後の1982年5月26日。茂樹が初めて店長を務めるロイヤルホスト成田ニュータウン店が開業した。成田地区の二号店である。

開業を告知するチラシで、茂樹は抱負を次のように述べた。

「私がめざしているのは、くつろげる店づくりです。お宅のダイニング・ルームにいるのと同じ感覚で、ゆったりと食事を楽しめる。そんな雰囲気をつくっていきたい。空港都市としてこれからどんどん発展していくこの街と一緒に、ロイヤルホストも皆さまに愛されるレストランに成長していきます」

笑顔溢れる顔写真が見る者を誘った。

「ねえ、お母さん、今度の日曜日、ここ行ってみようよ」

このチラシを見た子供がこう言えば、

「そうね……お父さんに聞いてみてもいいけど……フローズン・ヨーグルト……『甘ずっ

ぱいヨーグルトが女性の人気を集めています』だって。お母さんのデザートはこれね」

「じゃあ、ぼくは……チルドレン・プレート！」

といった楽しい会話を想像させた。

江頭からのお祝いの電報も届いていた。

「本日オープンおめでとう。どうかみんなで力を合わせて、お客様に褒められる店づくりに励んでください」

「ホンジツ……」と、電報の原文はすべてカタカナ表記で読みにくかったが、いや、それだからこそ、一字一句、繰り返し読みながら茂樹は、その文字を心に沁み込ませ、感動していた。信奉するようになった江頭から認められたことに、人一倍の喜びに浸った。

そして、周辺店舗からの祝電に、「とうとう自分も店長になったのか」と、誇らしさも感じるのだった。

1992年（平成4年）2月　ロイヤル株式会社退職

1992年（平成4年）3月　株式会社アレフ入社（東京事務所勤務）

92年（平成4年）3月　東海道新幹線「のぞみ」の運転開始

92年（平成4年）3月　ハウステンボスが開業

1992年（平成4年）9月　株式会社アレフ本社勤務札幌へ単身赴任

93年（平成5年）4月　帝国ホテルが鉄板焼を導入、同業態の人気上昇とフランス料理の人気衰退を印象づける

93年（平成5年）7月　横浜みなとみらい地区に当時日本最高のランドマークタワー完成、同地区がさらに注目される

94年（平成6年）9月　関西国際新空港開港

95年（平成7年）1月　17日　阪神・淡路大震災

96年（平成8年）1月　株式会社レインズインターナショナル（牛角など）創業

実践した「部下と業績」への心配り

チラシで笑顔を見せた茂樹だったが、相手がたとえアルバイト・スタッフでも真剣な態度で臨んだ。

「笑っていても、口から機関銃のように厳しい言葉が出てくるんだから、参っちゃうよなあ」

アルバイトはこう言ってこぼしたものだが、そのアルバイトは歳を重ねると、その厳しい言葉が後々の人生に生きてくることを悟った。

茂樹が店長を〝卒業〟し、関東第一地区マネジャーを務めていたときのこと。ある日、千葉県の稲毛店を視察すると、案内ボードの足下が汚れていることに気がつき、清掃するように指示を出した。

注意された男子アルバイトは、そんなところまで教えられていないよぉ、と内心、不満を洩らした。だが、そんな彼でも一年後には入社試験に応募し、社員に採用されて長年勤務することになるのだ。

ただし、厳しさだけでは人はついてこない。『1分間マネジャー』の教えのごとく、「部下と業績」の両方に心を配った。だから、優しく接することも重要だと理解し、意識して自分の方から「元気?」と声をかけながら、スタッフとの距離を縮めていった。

業績向上の取り組みも、もちろん、片時も力を抜くことがなかった。

その一つが店長時代に傾注したクリスマス・ケーキの販売キャンペーンである。近隣の店舗間競争もあれば、地区別対抗といった色合いもあって、一個でも多く販売することに力を注いだ。妻の由美子もその「空気」を察して、息子の学校関係者や近所の奥様方にさり気なく売り込んで協力するのだった。

ロイヤルでの成果が血となり肉となり

茂樹は自己研鑽にも努めた。給与の一部を使って計数管理の勉強をしたかったが、それだけの金銭的な余裕がなかった。そこで、上層部に掛け合い、会社負担でタナベ経営塾（現・タナベコンサルティンググループ）へ通うことまでした。

その経営塾では、「上杉鷹山《ようざん》の経営学」の研究を自

96年（平成8年）8月　スターバックス日本第1号店が開店

98年（平成10年）長野冬季五輪開催

2000年（平成12年）3月　株式会社アレフ退職

2000年（平成12年）有限会社五十嵐マネジメントサポートを設立

2002年（平成14年）増資して株式会社五十嵐マネジメントサポートに変更

05年（平成17年）2月　中部国際空港「セントレア」開港

05年（平成17年）3月　名古屋で日本国際博覧会（愛・地球博）が開催。2205万人が来場

2005年（平成17年）9月　株式会社ジャパンフードシステムズ代表取締役社長

2007年（平成19年）株式会社ジャパンフードシステムズ代表取締役社長辞任

2007年（平成19年）4月　株式会社コロワイド入社

2007年（平成19年）6月　同社取締役

ら課し、学んだ。鷹山は江戸時代の米沢藩主（現在の山形県）で、藩政を立て直した傑物である。茂樹は、鷹山がまず、身近なところから改革して率先垂範を示したこと、生産物に付加価値を高めたことなどに注目して、レポートを仕上げた。

茂樹は、こうした努力を積み重ね、エリア・マネジャー、営業部長、そして教育部長へと階段を駆け上がっていく。教育部長へは31歳で就任した。ロイヤル史上最も若い教育部長と言われた。普段、家庭では仕事の話をしない茂樹もさすがに嬉しかったのだろう、妻の由美子に報告している。おまけに、後に最優秀教育部長の表彰まで受けた。

その教育部長時代、ロイヤルは改革期にあった。茂樹はまず、新しいマニュアルづくりに着手し、これを「X作戦」と名づけて遂行した（※12）。

米国研修の企画および研修責任者としても、たびたび渡米した。

この研修は、それ以前から続けられたもので、茂樹自身も店長時代に参加している。期間中の平均睡眠時間は一～二時間、一日の試食平均回数が8回という〝地獄の研修〟として恐れられていた。それほど、外食産業先進国・米国の情報収集に貪欲だったのだ（※12）。

茂樹の昇進は、飛ぶ鳥を落とすほどの勢いだった。外食産業の発展期に入社したという「時の運」もあったかもしれないが、茂樹の性格や興味・関心がチェーン理論を生かした外食産業と符合したことが大きかったに違いない。言わば、天職を得たのである。

ロイヤルの退職後、幾度となく、苦境に瀕した飲食企業の再生に取り組んだが、ロイヤル時代があればこそできる仕事だった。後に『夕刊フジ』が当時、コロワイド東日本の社長を務めていた茂樹を取材し、こう評している。

「五十嵐茂樹は、外食産業の草分けであるロイヤル（現ロイヤルホールディングス）の江頭匡一（故人）に、「ＱＳＣ（品質・サービス・清潔）」をたたき込まれた幸運な男である」

そして、茂樹自身もこう語るのだ。

「チェーンビジネスの基本中の基本を学べたことが、自分の血となり肉となって、今があると思っています」（※13）

前述したように、ロイヤルは１９７８年に福岡証券取引所に上場されたが、この５年後の６月には飲食業で初めて東証一部に上場されている。茂樹が初めて店長を務めた翌年後のことだ。その意味でも、

07年（平成19年）11月　ミシュラン・ガイド東京版が発表される

２００８年（平成20年）２月　株式会社コロワイド専務取締役

２００８年（平成20年）２月　株式会社コロワイド東日本代表取締役社長

08年（平成20年）９月　リーマン・ショックにより景気後退

08年（平成20年）10月　観光庁が発足

11年（平成23年）３月　11日　東日本大震災

２０１２年（平成24年）４月　株式会社コロワイド取締役

12年（平成24年）５月　東京都墨田区に東京スカイツリーが完成

２０１２年（平成24年）10月　株式会社レインズインターナショナル代表取締役社長

２０１４年（平成26年）12月　カッパクリエイト株式会社代表取締役社長

15年（平成27年）12月　中国人の「爆買い」が流行語大賞になり、インバウンドに注目集まる

社会に嘱望される企業に在籍した茂樹は、本当に幸せな男だった。

まだ時間はある――茂樹は自らを鼓舞した

２０１８年7月。茂樹は、神奈川県能見台にある県立循環器呼吸器病センターにいた。深刻な病、肺腺癌の宣告を受けていた。幸いにも、ほかに転移している痕跡は見当たらなかった。まだ時間はある――茂樹は自らを鼓舞した。

抗癌剤治療を受けたその年の12月には、次の仕事に向けてノートを開いていた。翌年からの行動計画を記していった。

ノートの冒頭には「情熱塾再設計」と書いた。「情熱塾」とは、以前に茂樹が立ち上げた、外食産業に特化したビジネス・スクールである。「プロ店長養成講座」とも言えた。その新たな教科書づくりに着手した。

気になる新聞記事をノートに貼り込むなど、情報収集も怠りなかった。

ことに茂樹の関心を引いたのは、北城恪太郎・日本ＩＢＭ名誉相談役が日経新聞に書いたコラムだった。茂樹は次の一文に線を引いた。

「簡潔に言いたいことを伝える〝エレベーター・トーク〟ができるようになるには日ごろの準備が重要になる。忙しい経営者を30秒〜1分程度で説得できるかが勝負だ」

茂樹はコラムの胆《きも》に反応した。

ノーベル物理学賞受賞者の「欲することを見つめよう」という談話記事も切り抜いた。多少体力が衰えても、頭の回転速度や関心領域の広さは維持できていた。

コンサルティングのDM送付先もリストアップした。その数は78社に及んだ。

ところが、思わぬ事態で社会・経済が停滞した。コロナ禍の襲来である。

日本においても2020年4月7日から一カ月間、緊急事態宣言が発出された。しかし、それが解除されるや否や、茂樹は北海道に飛んだ。顧客を抱えていたからである。

とは言え、コロナ禍の只中《ただなか》にあったため、スマートフォンには次の文字を打ち込んで、隣り合う乗客に見せた。

「肺腺癌を患っているため、咳をすることがありま

2016年（平成28年）6月　カッパクリエイト株式会社代表取締役退任（辞職）

2016年（平成28年）9月　株式会社IMS設立

2017年（平成29年）7月　結婚40周年　仕事で訪れた香港へ妻と観光旅行

2018年（平成30年）1月　沖縄県那覇市のセミナー（講師）

2018年（平成30年）12月　通院していた脳神経外科の検査で脳動脈瘤が発覚。新川橋病院脳神経外科にて3カ月後に開頭手術

2019年（平成31年）1月　沖縄県那覇市のセミナー（講師）、帯広への定期出張（1月、2月）

2019年（平成31年）3月　新川橋病院で名医のクリップ手術。退院1週間後には企業の新入社員研修で帯広へ

2019年（令和元年）7月25日。軽い肺炎の診断から一転、神奈川県立呼吸器病センターにて肺腺癌のステージ4と診断

19年（令和元年）この年の訪日外客数が過去最多の3188万人を記録

すが、コロナ感染ではありませんので、ご安心ください」

周囲へのこのような細かい配慮は、ロイヤル時代から培われたものだった。

2021年1月、茂樹は、脳に転移した癌を抑えるため、ガンマナイフの治療を受けた。

その数週間後、再び北海道へ飛んだ。さらに、4月にも北海道に姿を見せた。追い立てられるように、仕事にのめり込んだ。残り時間が少ないと悟っていたのか、あるいは、責任感の塊のような性格が彼を突き動かしたのか――。

かつて茂樹は、千葉西ロータリークラブに招かれたとき、こう語っていた。

「私たちには三つの責任があります。一にお客様に対する責任、二に従業員に対する責任、三に社業の発展に対する責任です」

最期は自宅で迎えた。家族にも責任を果たす形で終活し、「葬儀は質素に」という言葉を残して、茂樹は6月1日に旅立っていった。享年66。生涯現役を貫いた人生だった。

STORY「五十嵐茂樹」

※注釈

※1『大前研一のアタッカーズ・ビジネススクール』テキスト資料

※2『私の履歴書 第十八回』江頭匡一、一九九九年日本経済新聞掲載

※3『野田経済』一九七八年五月十七日号、野田経済研究所

※4『商工指導』一九七八年七月号、東京商工指導所

※5『三菱銀行調査』一九七九年四月号、三菱銀行調査部

※6『週刊ホテルレストラン』一九七八年九月二十二日号、オータパブリケイションズ

※7「私の経営理念」江頭匡一、『九州商工時報』一九七二年二月号、九州商工協会

※8「飲食業の産業化に成功」『証券アナリストジャーナル』一九七九年八月号、日本証券アナリスト協会

※9『月刊不動産流通』一九八三年六月号、不動産流通研究所

※10『外食王の飢え』城山三郎、講談社、一九八二年

※11『1分間マネジャー』K・ブランチャード／S・ジョンソン、小林薫訳、ダイヤモンド社、一九八三年

※12 当時の同僚、岡本 裕氏の証言

※13「客を呼ぶ!! フードビジネス最前線」中村芳平、『夕刊フジ』二〇一〇年一月十三日付

20年（令和2年）4月　コロナ禍により第1回緊急事態宣言

2020年（令和2年）5月　ブログと店長の応援メッセージ（メール配信）を再開

2020年（令和2年）12月　脳への転移

2021年（令和3年）1月　横浜労災病院の脳神経外科でガンマナイフ治療

2021年（令和3年）2月　帯広へ出張

2021年（令和3年）3月　抗癌剤の副作用による重度な大腸炎で15日間入院。退院後、新入社員研修ため帯広へ

2021年（令和3年）4月　伊勢参りなどの家族旅行、そして最後の出張となる帯広へ。新しい抗癌剤治療のため入院

5月21日～31日、在宅介護。孫たちとの大切な時間を過ごし、遠方の方々とビデオ電話で再会

2021年（令和3年）6月1日。8時22分、自宅で永眠。1年10カ月の闘病とともに生涯現役を貫いた。66歳7カ月

はじめに

一生一回の人生　夢を持ち夢に挑戦する！

はじめまして五十嵐茂樹です。

実は私、２０１９年７月に肺腺癌ステージ４の告知を受けました。それからは治療のために毎月入退院を繰り返しながら、ただただ沈んだ日々を送っていました。

ネット等で病気のことを調べてみると、マイナス的な情報ばかりが頭に入り、家族には後ろ向きな言葉ばかりが愚痴になって出ていました。そんな中、いろいろな人の話を聞いたり、癌の告知を受けた人の本などを読むことによって少しずつですが前向きに考え、今は日々を大切に送るように心がけています。

人生１００年時代と言われていますが、何も１００年生きることだけが素晴らしいのではなく、たとえ60年や70年であったとしても、一日一日を悔なく真剣に生き抜くことが出来れば、それはそれで素晴らしいのではないかと考えます。

何より大切なことは、自分の人生をどれだけ長く生きたかではなく、自分の人生をどう生きたかだと思います。大変難しいことだと思いますが、それを考え、そして日々の生活に取り入れてゆくことが出来れば、その後の自分の人生をより豊かにしてくれるものと考えます。

現在の私のモットーは、「一生一回の人生　夢を持ち　夢に挑戦する！」それと「生涯現役　生涯学習　生涯健康！」です。そして、悔なく一日一日を真剣に生き抜くことです。

今後とも、よろしくお願い致します。

外食産業に身を置いて40年。

この間、いろいろな形で数多くの店と、そこで働く人たちと関わってきました。中には不振店もあり、繁盛店もありました。そんな繁盛店の共通点は、店から感じる、元気！やる気！本気！の三つの気のウェーブです。だから私も、この三つの気のウェーブを今でも大切にしています。それは、いつでも、どこでも、どんな時でも元気！やる気！本気！で仕事も遊びもすることです。そのためには、まずは自分が元気になることです。そして、その元気を仲間に与えることです。

また外食産業は、人ビジネスで多くの人との出会いがありました。

上司や同僚、それに新入社員やパートアルバイト、それに派遣さんまでいます。

勿論、仕事を通じて多くのお客様との出会いがありました。そこには多くの気付きと学びがありました。他には、取引先様、社外の関係者様からも多くの気付きと学びをいただきました。中でも創業者との出会いは、私のビジネス人生の礎を築いて頂きました。

この場をお借りして厚くお礼申し上げます。

全ては学びの人生でした。

今回その学びの一部をみなさんに紹介したいと思い、稚拙ですが整理しました。

今後のみなさんの活動に少しでもお役に立てれば幸いです。

私のエッセイ集!

はじめてエッセイに挑戦しました。

このエッセイは私のブログ「繁盛日記」がベースになっています。

２０１２年４月７日に書き始め、今年で９年が経ち、10年目に入っています（２０２１年時点）。

今まで書いた記事は１９２５本で、令和３年中には２０００本に達します。

内容的には、日々のウォーキングから仕事で学んだ事、そして多くの人との出会いから得た新たな気付きをブログにしたものです。

病気療養で途中一年近くお休みしたこともありますが、今は再開し、月に８通程度で

はじめに

すが発刊しています。また読む方の負担にならないよう、短文で読めるようにまとめています。今回その中から「全ては学びの人生だった！」というタイトルで、私が感じ取った新たな学びと新たな気付きをエッセイという形でお伝えします。

はじめてのエッセイで不慣れなところも多々あると思いますが、何か一つでもそこから新たな学びと新たな気付きを共有できれば幸いです。また1タイトルずつ完結にまとめておりますので、どこから読んでいただいても結構です。

人生とは、本当に新たな学びと新たな気付きの連続でした。

そこから多くのことを教えていただきました。

全てに感謝しております。

五十嵐茂樹（2021年春）

目次

目　次

目次

2 自分磨きについて 75

目次

情熱と誇りが繁盛店
問題と格闘してこそ繁盛店
言葉と笑顔が繁盛店
常連客を増やしてこそ繁盛店
大いなる情熱が繁盛店
全ての人を大切にしてこそ繁盛店
クレームゼロで繁盛店
自分磨きが繁盛店
六つの大切が繁盛店
トコトン出来れば繁盛店
徹底したお掃除で繁盛店
商いの心が繁盛店
笑顔を生み出してこそ繁盛店
店磨きが繁盛店
真剣こそが繁盛店
目配り、気配り、心配りで繁盛店
看板とのれんで繁盛店
凡事徹底で繁盛店
自らの力で繁盛店
伝統や文化で繁盛店

目　次

真のリーダーは成果を求める
真のリーダーは情熱を傾ける
真のリーダーは自分でモチベーション
真のリーダーは継続力
真のリーダーは徹底力
真のリーダーは夢と目標を持つ
真のリーダーは部下にも共有点
真のリーダーは一心不乱
真のリーダーは三つの共通点
真のリーダーは日々フィードバック
真のリーダーは収支両面で業績向上
真のリーダーは褒めながら前進
真のリーダーは部下に成果
真のリーダーは日々反省
真のリーダーは創り出す
真のリーダーは正直者
真のリーダーは実行力
真のリーダーはワンチーム

目　次

目次

8　コロナ禍について　191

目　次

１　人生について

夢について！

夢を持ち、夢に挑戦し、夢を実現する！
これが人生です。
しかし夢だけを追い続けても、夢は実現できません。
また、楽をして夢を実現できることもありません。
夢を実現するためには努力が必要です。
それは一歩一歩自分の足で歩いてゆくことです。
そのためには目標を明確に持つことです。
これが夢の実現につながります。
夢を持ち、夢に挑戦してこそ人生！

生涯目標について！

生涯目標を持つことは大切です。
たとえ不治の病を得ても、目標は持たなくてはなりません。
治療は生きる目的ではありません。
生きるために治療するのです。

私の病は、余命の中央値が2年です。
人によっては半年もあれば、3年もあります。
余命に長短はあっても、目標こそが生きる目的になるのです。
そのためにも、生涯目標を持つことです。
目標を持って生き抜くことが人生！

仕事と思うな、人生と思え！

仕事とは、自分自身の人生そのものです。
人生の多くの時間を費やしています。
決して生活の糧を得るためだけではありません。
だから、仕事を生活の糧を得るための単なる手段と思わないで下さい。
仕事にはやり甲斐が必要です。
そこに生き甲斐が必要です。
〝やらされ仕事〟にしてはいけません。
こういう想いで、どんな仕事にも一生懸命に取り組んで下さい。
仕事の主人公は自分自身！

成功を手に入れる！

成功を手に入れるためには、まずは夢や目標を設定することです。
つまり、何に成功したいのかを決めることです。
出来れば具体的に数値化し、達成する期日もあると良いでしょう。
次に、どのような方法で手に入れるのかも決めなくてはなりません。
夢や目標は、達成したいと思っている結果にすぎません。
まずは、このことを念頭に置いて下さい。
夢や目標を達成するためには計画が必要です。
計画を立てることが夢や目標の入口になるのです。
行動計画が夢や目標達成を可能にしてくれる！

新たな未来へ！

悪いことを引きずらないで下さい。
過去は既に終わったことです。
過去に生きることは出来ません。
過去には夢も希望もありません。

夢や希望は未来にしかありません。
だから、未来に向けて進まなくてはなりません。
今日この日は、昨日とは違う日にして下さい。
この積み上げが新たな未来への突破口につながります。
昨日とは違う日を過ごすことで、新たな道は開ける！

天職で難局を乗り切る！

天職とは、生涯を通じてその仕事を全うすることです。
しかし、どんな仕事でも苦しい時はあります。
その苦しい仕事を変えてゆくしかありません。
それは生き甲斐のある仕事に変えてゆくことです。
これが仕事を天職に変えてゆくということです。
そのためには、仕事を今以上に好きになることです。
さらには、好きだと自分自身に言い聞かせることです。
これによって、いろいろな壁も乗り越えることができます。
天職であれば必ず突破できる！

ひた向きな努力が大切！

当たり前ですが、人生には良い時もあれば苦しい時もあります。
しかし、いずれの場合もそれがずっと続くことはありません。
だから、悪いからといって、それで最後というわけではありません。
必ず良い時期が訪れてきます。
そのためには、諦めずにひたすら努力することです。
厳しい時に諦めるから、良い時期を迎えることが出来ないのです。
厳しい時にこそ努力が大切で、それが必ず良い結果につながります。
良くない時は、一つ一つ、確実に問題を解決すればよいのです。
諦めない努力が大切！

一生懸命にやれば好きになる！

好きでもないのに、友達に誘われてスタートした部活。
気付いたら厳しい練習も乗り越え、無我夢中なっていた。
誰しも一度や二度は経験があると思います。
振り返ってみると、それは充実した期間ではなかったでしょうか？

それを人は辛いと感じるだろうか？
それを厳しいと感じるだろうか？
ちょっと違う気がします。
仕事も同じで、一生懸命やれば夢中になれます。
何事も一生懸命が一番！

心がけ次第で！

下を向いているようでは、元気は出ません。
元気になるためには、いつも上を向いていなくてはなりません。
そして、いつも前向きな言葉を使い、行動を第一とすることです。
次に指示待ちで仕事をしているようでは、やる気も出ません。
自分の考えを持ち、そして自分で行動することです。
最後は、自分で決めたことはやり抜くことです。
何事も本気で取り組まなければ、中途半端に終わります。
本気とは、自分で決めたことをトコトンやり切ることです。
自分自身の心がけ次第で変わる！

後悔の人生を変えよう！

あの時こうしていたらと後悔しても、何も変わりありません。
全ての結果は、あなた自身が選択して決めたことです。
残念ながら、過去に戻ることも過去に生きることも出来ません。
全ては既に終わったことです。
そんな、あなたの人生を変えることが出来ます。
それは、先悔することです。
つまり後悔しないために思ったことは、全てやり切るということです。
そうすれば、結果はどうであれ、悔やむ人生からは卒業です。
後悔の人生から先悔の人生へ！

人生は選択！

人生は、自分が選択した結果です。
運命などというものではありません。
自分が決め、行動してきたことなのです。
それは、困難な人生であっても同じです。

自分が困難を選んだのです。
であれば、困難を選ばなければよいのです。
そこから新たな人生がスタートします。
人生の主人公は自分で、その人生を悔いなく歩んでください。
人生は選択の連続！

生き甲斐を持って人生の壁を登る！

人生とは、常に壁を突破するために努力することです。
そして、この壁を突破することに生き甲斐を感じなくてはなりません。
時には辛く大変なこともあるでしょう。
時には投げ出したくなることもあるでしょう。
しかし、壁を突破することが次の人生を切り開いてくれるのです。
それは、頑張らない人には未来はないということでもあります。
いつも輝いていたいと考えているのなら、壁を登ることです。
それは人生という壁に生き甲斐を持ってがんばることです。
人生の壁を登ることに生き甲斐！

夢を持て、大志を抱け！

一生一回の人生、悔なく生き抜いて下さい。
そのためには、自分の人生をしっかりと創造することです。
それは、夢や大志を抱くことです。
その夢や大志が生きる目標になってきます。
その夢や志が生き甲斐になってきます。
その夢や志がやり甲斐になってきます。
これが自分自身の人生になります。
つまり、夢を持ち、夢に挑戦するのです。
一生一回の人生　夢への挑戦！

理想あるものは進歩あり！

1. 理想あるものは、希望あり
2. 希望あるものは、目標あり
3. 目標あるものは、計画あり
4. 計画あるものは、行動あり

5. 行動あるものは、結果あり
6. 結果あるものは、反省あり
7. 反省あるものは、進歩あり
8. 進歩あるものは、理想あり

理想を持つことが大切！

人生は一生懸命に！

社会に出て、生活の糧を得るために働くことは当然です。
しかし、人生の多くの時間を費やすのが仕事です。
当然一生懸命に働かなくてはなりません。
それは、一生懸命は何より大切だからです。
一生懸命が人生を懸命に生き抜いている証になるからです。
一生懸命が人生を充実させることにつながるからです。
一生懸命が自分を磨き高めてくれるからです。
一生一回の人生を懸命に生き抜くことが人生では何より大切です。

一生懸命に働くことがスタート！

試練が自分を強くする！

人生には、何度か大きな試練が待ち受けています。
その試練は決して楽なものではないかもしれません。
しかし、その試練を乗り越えることで、次の新たな人生が開かれます。
大きな試練を受けた人が次に輝くことはよくある話です。
それは試練を乗り越えながら強くなるからです。
私も病気という試練といま闘っています。
迷いながら、苦しみながら闘って、一日一日を真剣に生きる決意をしました。
それは悔いなく自分の人生を全うするためです。
試練を乗り越えることで新たな人生！

もっとも平凡なこと！

物をもらえば、ありがとう！
お世話になったら、おかげさまで！
散らかしたら、あとかたづけ！
嘘はつくな、正直であれ！

人に迷惑をかけるな、人には親切にせよ！
これらは、人としてなすべきもっとも平凡なことです。
そして、もっとも当たり前のことです。
この当たり前のことを、どれだけ当たり前に行なえるかが人生では大切です。
平凡なところに人生の大切さがある！

苦あれば楽あり！

毎日が大変で苦労の連続だと思います。
必死の戦いで疲れもたまっていると思います。
しかし、ここはひたすら辛抱です。
辛さをしっかりと抱き込むことです。
苦しみの後には、楽しいことが待っています。
昔から言われている「苦あれば楽あり！」です。
試練は、そんな楽しいことへの挑戦だと思ってください。
そのためにも、諦めないでコツコツと真面目に取り組むことです。
辛さを抱きしめて時代を乗り切る！

ホスピターレ！

病院のことを英語でホスピタルと言います。
この語源はラテン語のホスピターレで、ホテルと同一語源です。
そんなホスピターレとは、巡礼、参拝者、旅人をもてなす大きな家でもあります。
古代ローマ人は、旅に出た地でそこに宿泊したそうです。
旅で受けた傷や病をホスピターレのおもてなしで治したそうです。
そして心身共にリフレッシュし、また新しい旅に出ました。
私も幾度も経験した入院で、多くの感動と生きる喜びを頂きました。
それは、病院のみなさんの献身的な看護や優しい笑顔で、まさしくホスピターレです。
ホスピターレには感謝がある！

為せば成る、為さねばならぬ何事も！

為せば成る、為さねば成らぬ何事も！
これは上杉鷹山公が残された名言の一つです。
人間、本気になれば何でも出来るということです。
出来ないのは、本気でやらないからということでもあります。

得てして、様々な悪条件を引っ張りだして言い訳を見つけます。
物事を成し遂げるためには、本気の取り組みが必要です。
そこには、出来なかった言い訳も理由も必要ありません。
必要なことは考え行動することで、直ぐやる、トコトンやることです。
何事も本気で取り組むことが基本！

最高の仕事とは！

ほとんどの人にとって、仕事と遊びはまるで別物です。
仕事はしなければならないものです。
そして、遊びはしたくてするものです。
しかし最高の仕事というのは、この境目がなくなった時に出来ます。
つまり、自分の仕事をこよなく愛することです。
人生、大好きなことをして、どうしていけないことがあろうか？
楽しめない仕事をして、どうしてうまく出来るだろうか？
みんながこう言えたらどんなにいいことか？
わが店！ わが仕事！ わが人生！

仕事を天職にしよう！

天職とは、打ち込める仕事を持つことです。
そして、生涯を通じてその仕事を全うすることです。
しかし、最初はどんな仕事も辛くて、それが当たり前です。
その辛い仕事を変えてゆくしかありません。
つまり、生きがいのある仕事に変えてゆくことです。
これが仕事を天職に変えてゆくということです。
そのためには仕事を今以上に好きになることです。
これによって、いろいろな壁も乗り越えることができます。
仕事を天職にしてこそ人生！

過去を忘れ、未来を愛す！

過去にどんなに良いことがあったとしても、既に終わったことです。
逆に、どんなに辛いことがあったとしても、全て終わったことです。
人は、過去に生きることは出来ないし、過去には夢も希望もありません。
当たり前のことですが、夢や希望は未来にしかありません。

だから、常に未来に向けて生きてゆかなくてはなりません。
それは現状に満足しないということです。
もっといい人生を送ることが出来るはずだと思うことです。
生きている限り、人生には終わりはありません。
自分の人生の価値を高める努力を！

夢を語り、目標を明示！

人や組織は、指示や命令だけで動くわけではありません。
人や組織は、指示や命令だけで良くなることはありません。
人や組織は、地位や肩書きだけで動くわけではありません。
人や組織が動くのは、夢や目標が明示された時です。
そして、将来について共に希望を語り合うことが出来た時です。
次に、その夢や目標を達成するための課題が明示された時です。
何も難しく言う必要はありません。単純にして分かりやすくすればよいのです。
最後は、現場で課題の進捗を確認しながら直接指導することです。
常に夢を持ち、明示しなくてはならない！

感謝するから幸せ！

感謝するからこそ、そこに幸せが生まれます。
そして、多くの「ありがとう」の積み上げが大きな幸せにつながります。
大きな幸せをつかむためには、小さなことでも感謝することです。
逆に感謝が足りないと、幸せは薄くなり、小さな物事にも気づかなくなります。
勿論、「ありがとう」の一言も出てきません。
幸せが薄くなれば、いつも満足できない状態が続きます。
その結果、寂しい人生が待っています。
全ては、感謝を忘れずに幸せと感じることから始まるのです。
感謝があるから幸せになる！

感謝されてこそ仕事！

お客様に「ありがとうございます」と言うのは、当り前のことです。
それは、お客様のお陰で店も会社も成り立っているからです。
さらには、我々一人ひとりの生活も成り立っています。
だから、そのお客様を粗末にすることはあってはならないことです。

しかし、これは仕事ではありません。
本当の仕事とは、お客様からの「ありがとう」を頂戴することです。
仕事で感謝されるようになることです。
感謝されてこそ本物の仕事になるのです。
仕事に感謝し、仕事で感謝される!

人生観と仕事観を持つ!

生きてゆく上で、人生観や仕事観を持つことは大切です。
これによって、判断基準や価値観が変わってきます。
さらには、生き方や考え方も変わってきます。
そしてそれらは、すべて自分が決めることです。
最後は、その自分が決めた決定事項に従えばよいのです。
間違っても、他の人が決めることではありません。
また、他の人が与えてくれるものではありません。
あなたの人生ですから、あなた自身が決めればよいのです。
自分の人生は自分で決める!

人生の理想を持つ！

人生において理想を持つことは大切です。

それは、社会のお役に立つ自分を見つけることでもあります。

しかし日々の生活に追われると、理想を見失い、糧を得ることが目的になってしまいます。

これでは心が豊かになれません。これでは生きる意味がありません。

お金や物は必要ですが、多く持ったからといって、心が豊かになることはありません。

理想を持つことで心が豊かになるのです。

勿論、理想に近づいたり離れたりすることはあります。

人は、理想に近づくことで生きる喜びを感じ、理想を追うことで人生の修行を経験するのです。

生きる喜びとは、理想を持つこと！

夢は自分の人生そのもの！

夢は過去形ではありません。夢は持ち続けるものです。

それゆえ、夢を持っていたという言い方は適当ではありません。

勿論、昔は頑張ったという表現も適切ではありません。

大切なことは、今を頑張るためには、まず夢を持つことです。

そして、夢を本気で達成したいと思うことです。
さらには、夢に向かって輝き続けることです。
最後は、常に全身全霊で取り組むことです。
夢とは人生そのもので、自分の生き様です。
生涯夢を持つ人生が大切！

生涯学習について！

生涯学習をすることは大切です。
新たな学びが新たな人生を切り開いてくれるからです。
もし明日人生が終わるとしても、明日のために学びが必要です。
私は不治の病になった時、新聞も本も読むことを全てやめてしまいました。
また、人と会うことも極力避けていました。
人生が終わった、と性急に思ったからです。
しかし、人生はまだ終わっていないのだと気付き、再度学習を始めました。
それが新たな人生の始まりでした。
明日のために生涯学習！

2　自分磨きについて

成功体験が自分磨き！

コンプレックス、つまり劣等感を持つ人は、自分を強く見せようとします。
そういう振る舞いは自分に自信のない証拠でもあり、そこには本当の自分はいません。
自分に自信を持つことで自分自身を強くすること、それがあるべき姿です。
自分自身を強くするには、まず小さな成功体験を得ることです。
そして、その成功体験を積み上げることです。
これによって、自分自身に対する自信が生まれます。
そうすればコンプレックスが弱まり、本当の自分を作り上げることが出来ます。
自分磨きは成功体験の積み上げ！

プロ意識が自分磨き！

時代はまさしく情報化時代です。
情報化時代とは、お客様がプロになる時代です。
特に外食については、テレビや雑誌など、どれを見ても情報にあふれています。
つまり、情報を持った人がどんどん増えているのです。
それは、お客様の選ぶ力が高まっているということです。

だから、何処でも売れるという時代は終わっています。

そんな時代、プロは、よりプロ意識に目覚めなければいけません。

そのためには、自分磨きを怠らないことです。

プロ中のプロになってこそ勝ち残る！

速度と持続性が自分磨き！

対策には、速度と持続性が必要です。

その速度とは力であり、直ぐやる！今日からやる！というもので、つまりは行動力です。

直ぐやれないという人に聞きます、それなら何時から出来るのか、と。

まずは問題解決のために、決めた対策を直ぐやることです。

次に持続性とは意志の強さであり、トコトンやる！出来るまでやる！ということです。

継続力の強さをも表しています。

対策をすぐに止めてしまう、これでは絶対に良い結果は出ません。

良い結果を得るためには、粘り強く、諦めないでやり続けることです。

速度と持続性を磨いてこそ成果につながる！

自分を変えてこそ自分磨き！

今の時代、自分を変えるという前提に立っていなければなりません。
それでなければ、時代の負け組になってしまいます。
もし自分を変えられないというのであれば、大昔の恐竜です。
新しい時代や環境に対応できず、滅びるだけです。
これが今の時代で、変化への対応が生き残りを可能にしてくれます。
自分を変えられない人は、単に毎日努力していないだけです。
リセットできるという発想があれば、そんな風にはならないはずです。
必死に努力すれば、なんだって出来ます。
変えられなければ21世紀の恐竜！

額に汗してこそ自分磨き！

知っていれば出来ると思う人もいるかもしれません。
しかし、知っていることと出来ることとの間には、深くて大きな溝があります。
特に我々の仕事は、体で覚えることが大切な仕事です。
それがベースにあって、全てのオペレーションが組み立てられています。

そのオペレーションの善し悪しで各経営数値が弾き出されます。

従って、経営数値を左右する現場作業はとても重要で、努力次第で一生ものの財産になるのです。

とにかく、現場で汗をかいて下さい。

そして、その汗を自らの血とし、肉とする、そのことが大切になってきます。

覚えた、とは出来るようになること！

変わってこそ自分磨き！

時代は大きな端境期《はざかいき》を迎えています。

仕事の価値観も、仕事のやり方も変わる時代なのだということです。

さらには、部下との接し方も変わります。

大きな端境期を迎えているのが今の時代です。

そんな時代に、古いやり方しか知らないのでは話になりません。

古いやり方しか出来ないのでは、時代を乗り切ることは出来ません。

今のように激しく変化する時代においては、変わることが大切です。

それは、仕事の価値観を変え、仕事のやり方を変えることです。

変化に対応し、変化に挑戦する！

新たな学びが自分磨き！

昔は、一生懸命に働きさえすれば、売上も利益も出ました。
何か特別な能力があった訳でも、力があった訳でもありません。
単に時代が創業期から成長期への大きな流れがあっただけです。
だから、苦労もせずに成長の流れに乗ることが出来たのです。
しかし時代は大きく変化しました。
お客様のニーズもマーケットも変化しています。
我々には、逃れることの出来ないものがあります。
その一つが、時代環境の変化と新たな学びです。
学びながら変化に挑戦する！

問題解決で自分磨き！

問題解決において第一に必要なことは、絶対に問題から逃げないことです。

それは、問題をごまかさない、問題解決を諦めないということです。
しかし、問題から逃げて問題に向き合わない人がいます。
言い訳を見つけて問題をごまかす人もいます。
さらには、出来ない理由を探して諦めてしまう人もいます。
当然、問題が解決することも目標が達成されることもありません。
そうならないためには、最後まで問題から逃げないことです。
繰り返しますが、問題をごまかさない、問題解決を諦めないことです。
逃げない、ごまかさない、諦めない！

経営者感覚で自分磨き！

経営や商売は理屈だけではなく、実践が何より大切です。
良いと思ったことは直ちに実践することです。
逆に、悪いと思ったことは直ちに「カイゼン」をすることです。
そのためには経営者としての自覚を持つことです。
そして、経営に興味を持ち、経営が好きになることです。
好きになれば工夫をするし、工夫をすれば成果が上がります。

さらに成果が上がれば、好きになるものです。
仕事は、やればやるほど味が出てくるもの、興味が湧いてくるものです。
仕事とは創意工夫で自ら創るもの！

悩み不安と闘って自分磨き！

仕事には悩みや不安は当然あります。
これがない人は、単なる無責任な人でしかありません。
大切なことは、この悩みや不安を一つ一つ解決してゆくことです。
これを克服してゆく過程で、仕事の喜びや生きがいが感じられます。
この積み上げが、自分自身を成長へと導いてくれます。
しかし、かつての成長期には、そんな悩みや不安はあまりありませんでした。
だから今も力が身についていないのです。
しかし今は、大変な時代、難しい時代、厳しい時代です。
悩みや不安と戦ってこそ成長！

言い続けてこそ自分磨き！

成果を出すためには、同じ事を言い続けなくてはなりません。
しかし一度や二度言った程度で、出来ているつもりになっている人がいます。
一度や二度言った程度で良い成果が出るのであれば、既に良くなっているはずです。
それが良くなっていなければ、まだまだ言い足りないということです。
言ったこと、伝えたことは、既に忘れ去られているということです。
この、言ったつもり、伝えたつもりで同じ失敗を繰り返している人がいます。
同じ事をしつこいぐらいに言い続けてこそ、成果が出ます。
仕事に忠実に、あきることなく同じことを言い続けることです。
執念を持って同じ事を言い続ける！

問題の見える化で自分磨き！

一つ一つの問題を表に出し、その問題の見える化を図ることが大切です。
併せて、進捗の見える化、結果の見える化を図ることも重要です。
これで、一つ一つの問題を確実に解決することができます。
しかしまだまだ雰囲気や感覚、精神論や抽象論で仕事をしている人がいます。

これだから、問題解決が進まないのです。
そこで問題の見える化を図りながら、数字を変えることが大切になります。
問題を具体的に取り組んでこそ、自分の成長につながります。
そして、結果の数字を変えることに執念を持つことです。
数値を変えることが成長への道！

実行することで自分磨き！

目標を達成するためには、具体的な行動が大切です。
つまり、目標を達成するために決めた対策を実行に移すことです。
しかし、その決めた対策を実行に移さない人がいます。
また、その対策の実行が中途半端な人もいます。
これだから成果が出ないのです。
目標は、成し遂げるまで行動してこそ価値があります。
それも直ぐやる、トコトンやる、徹底してやることです。
目標を達成するまで行動すれば、必ず目標は達成されます。
目標達成に対する行動が結果を決める！

落とし込みで自分磨き！

問題解決には、具体的な対策を現場の人たちに落とし込まなくてはなりません。
この浸透の度合いが結果の成果に大きく影響します。
しかし、実際にはそれがなかなか思ったように浸透しません。
これは何も現場が悪いわけではなく、むしろリーダーに問題があります。
リーダーには対策の落とし込みができないということです。
まだまだ対策のコミュニケーションが足りないということです。
これに関する限り、多すぎるということはありません。
落とし込みが出来ない限り、対策は絵に描いた餅と同じだからです。
対策を徹底的に現場に浸透させる！

心の持ち方、行動力で自分磨き！

同じことをしても結果に差が出るのは、自分の問題です。
それは、情熱や熱意といった仕事に対する姿勢の問題です。
さらには、執着心や粘り強さといった諦めない心の問題です。
それに、直ぐやる、出来るまでやるといった行動力の問題です。

行動力の差が結果の業績に違いを生み出します。
つまり、すべては自分に問題があるということです。
良い成果を望むのであれば、まずは自分を高めることです。
それには、心の持ち方、行動力を高めることです。

仕事の基本姿勢を見直し業績改善！

熱意と能力で自分磨き！

熱意とは自分自身の意思の表れです。
物事を成そうとしている人は、自らが燃える人でなくてはなりません。
なぜならば、熱意が物事を成就していく基本になるからです。
次に能力とは、自分自身の努力で身に付けたスキルのことです。
リーダースキルやマネジメントサイクルのことです。
この熱意と能力があって、良い仕事ができるようになってきます。
日々、熱意と能力を高める努力を怠らないことが大切です。
この積み上げこそが、自分を磨き高めてくれるのです。

努力した分だけ報われる！

生涯現役で自分磨き！

私の目標は、生涯現役、生涯学習、そして生涯健康です。
そしてその生涯現役とは、一生を通じて打ち込める仕事を持ち全うすることです。
私は癌を宣告された時、引退を決意し仕事を一時的に終えました。
今は、直接的であれ間接的であれ、出来ることで生涯現役を貫く覚悟です。
このエッセイも、自分が仕事を通じて生きた証として書き残しています。
自分の人生において、仕事を通じて社会のお役に立ちたいという思いがあるからです。
これが、私が考える生涯現役です。
今の私は、夢中になって仕事を楽しんでいます。

生涯現役を貫き社会貢献！

追加対策で自分磨き！

勝ち続けるためには対策を追加することです。
そのためにも対策を積み上げることです。
そうしなければ、結果は成り行きで終わってしまいます。
そこには自分の意志と行動がありません。

結果は自分の意志と行動でつくるものです。
これを積上げながら結果を変えるのです。
この積み上げが自分を成長へと導いてくれます。
日々新たな戦いに挑戦することです。
対策を積み上げてこそ成果！

忙しい時こそ自分磨き！

我々にとって、忙しいというのは大変ありがたいものです。
人気の蓄積を図る絶好のチャンスだからです。
しかも、しっかりと利益も残すことが出来るからです。
だから忙しい時こそ、仕事を楽しまなくてはなりません。
その時は最高の笑顔で最高の仕事をすることです。
それが、お客様の満足につながるのです。
それが、店の人気を高めるのです。
だから繁盛店は忙しい時が最高なのです。
繁忙期は自分を成長させてくれる！

引出しを一杯に自分磨き！

常に新たな一手が必要です。
それには、新たな成長の種を蒔くことです。
種蒔きもしないで、収穫など出来ません。
種蒔きをするから、収穫が得られるのです。
そのためには、常に新たな種を用意しなくてはなりません。
種もないのに種を蒔くことは出来ないからです。
理想は、引出しをこの種で一杯にすることです。
これが次の新たな一手になります。
学びと気付きからが新たな一手！

端境期に自分磨き！

全てを見直し、変えなければいけない時代です。
それは、大きな端境期を迎えているということでもあります。
そんな時代に、古いやり方しか出来ないのでは変われません。
旧態依然とした仕事のやり方は変えて下さい。

仕事の発想も、仕事のやり方も見直すことが必要なのです。
そして、全てをゼロベースで考え行動することです。
我々には、逃れることが出来ないものが三つあります。
それは、死と税と変化です。
今は変わる時代への挑戦！

感謝することで自分磨き！

お客様が店に来てくださるから、店と会社が成り立ちます。
そして、あなたの生活も成り立っているのです。
これに勝る感謝はありません。
そんな当たり前のことを忘れていませんか？
これはいかなる時代でも変わることはありません。
感謝することに感謝するのです。
何があっても、これを一番大切にしなくてはなりません。
そして、お客様のありがたさを忘れないことです。
感謝することに感謝を！

単純さで自分磨き！

単純さと具体性を追求できれば、店の人たちの理解を得ることができます。
そして、総動員で売上と利益を取ることが出来ます。
しかし簡単なことを難しくし、難しいことを理解出来ないようにする人がいます。
その結果、誰の理解も協力も得ることができません。
勿論、期待する成果にもつながりません。
目標を達成したいのであれば、単純で分かりやすい対策を立てることです。
そして、分かりやすい話をしながら、大きな目標を掲げることです。
簡単にすることによって、権威や威厳がなくなることはありません。
難しいことは簡単に、簡単なことはさらに簡単に！

責任の自覚で自分磨き！

上手くいかない時、その責任を誰かに転嫁していませんか？
それとも、自分自身の問題として捉えられますか？
責任転嫁することで、一時的に気持ちは楽になります。
しかし、そこからは何も生まれません。

問題の真因は、必ず自分自身にあります。
その解決策は、自分磨きを行なって新たな道を探ることにあります。
それによって、現状を変えることが出来ます。
すべては、責任を自覚することから始まります。
全てを自己責任にしてこそ道が開ける！

学びと行動が自分磨き！

目からウロコが落ちましたと言う人がいます。
しかし、実際には何も新たな行動をしない人が大半です。
それは、単に良い提案だと持っているだけだからです。
だから何も新たな行動を起こさないのです。
当然、これでは新たな変化は生まれません。
勿論、新たな成果を得ることもありません。
大切なのは、新たに学んだことの実践です。
それも、直ぐやる！トコトンやる！出来るまでやること！です。
学んだことは実行することです！

苦労を重ね自分磨き！

苦労を重ねながら成果を積み上げていく。
これが結局、一番の近道です。
そして、それがまた仕事の楽しみでもあります。
反省のない仕事には発展はありません。
発展がある仕事には必ず反省があります。
それは、日々振り返りを怠らないことです。
また、注意されたら感謝することです。
自分には足りないところがまだまだある、と自覚することです。
自分を知ることで成長！

三つの指標で自分磨き！

数字はビジョンではありません。数字は経営の結果です。
しかし我々には、大切な三つの指標があります。その三つとは、
1．顧客の満足度（ＣＳ）
2．従業員の満足度（ＥＳ）

3．そしてキャッシュフロー（ＣＦ）の三つです。
顧客満足度が高ければ、成長が約束されるからです。
従業員の満足度が高ければ、良い仕事が行なわれるからです。
そして現金を手元に残せれば、後のことは上手くいくからです。
経営の基本は3本脚打法！

聴くことで自分磨き！

人の意見を聴くことは大変重要です。
聴く耳を持たないと、自分自身を失うことにもなりかねないからです。
だから、人の意見に耳を傾ける心を失ってはなりません。
自分自身を見失った裸の王様になってはいけません。
自分の見方がいつも正しいとは限りません。
自分の考えに固守していては、わが身を縛ってしまいます。
人の意見を聴くことで、新たな学びと気付きが生まれるのです。
組織には、そんな多くの人たちの衆知が集まってきます。
聴くことによって学びと気付きを得る！

目標設定で自分磨き！

人生でも仕事でも、目標を設定することは大切です。
それらの目標は、高い方が良いのは勿論です。
しかし、あまりにも高すぎると挫折してしまいます。
目標の定義は、挑戦に値し達成可能なレベルです。
つまり、努力をすれば達成できるレベルということになります。
これを一つ一つ積み上げてゆけば良いのです。
それは自分との約束を守るということであります。
そのためには、情熱と熱意を持ち続けることです。
小さな目標達成を積み上げることが大切！

学ぶことで自分磨き！

今のような変化する時代は、常に新しい環境に適応する能力が必要です。
それは、変化に対応出来ない人は姿を消すことを意味しています。
変化への対応の一番の方策は、新たな学びと新たな気付きです。
学ぶことも気付くこともしないで、今の時代を乗り切ることは出来ません。

これは一生続けなくてはならない一番大切な仕事でもあります。
昔は、一生懸命に働きさえすれば、雇用は保証されていました。
それは、日本の多くの市場が成長期へと向かう大きな流れにあったからです。
しかし時代は大きく変化し、スキルアップが自分を補償する時代です。

学びながら変化に挑戦することが大切！

2.
自分磨きについて

3 繁盛店について

お客様と私達で繁盛店！

1．お客様は私達のビジネスの中で最も重要な存在です。
2．お客様あっての私達であって、決してその逆ではありません。
3．お客様は私達の仕事の邪魔者ではなく、仕事の目的そのものです。
4．お客様は何かを期待して私達の店にやってこられます。
5．お客様のその期待に十分応えるのが私達の務めです。
6．お客様には最高のおもてなしを受ける権利があります。
7．お客様はこの仕事にとっての命綱です。

これは我々のお客様に対する誓いの言葉でもあります。

商売繁盛はお客様との約束を守ること！

お客様の立場で繁盛店！

商いの基本は、お客様の満足を得ることです。
そのためには、お客様の立場で考え、お客様の立場で行動することです。
これが、お客様の満足と繁盛店につながります。
しかし、自分たちの都合で商売をしている店が多々あります。

つまり、お客様を粗末にしている店です。
これだから店が不振なのです。
繁盛店を目指すのであれば、お客様の立場で面倒なことをやり切ることです。
それも、当たり前のようにトコトンやり抜いて下さい。
商売繁盛はトコトンお客様の立場で！

挑戦の連続が繁盛店！

毎日が新たな挑戦の一日で、その積み上げが店を進化させます。
進化するためには日々問題と向き合い、その問題を解決することです。
それは、一つ一つの問題を確実に解決すればよいのです。
繁盛店には、そんな問題解決と進化の歴史があります。
どの店にも、まだまだカイゼンの余地は無限にあります。
小さな問題から大きな問題まであります。
いずれにしろ、その問題と格闘すればよいのです。
その取り組みの積み上げが繁盛店への道になります。
商売は毎日が新たな挑戦の連続！

選ばれてこそ繁盛店！

いつの時代でも繁盛店はあります。
それは常にお客様に選ばれる店です。
繁盛店になるためには「お客様の満足を得る」ことです。
飲食店で言えば、安全と安心を担保した美味しいお料理の提供です。
それに加えて、親切で感じの良いおもてなしです。
最後は衛生対策を含めた店のお掃除です。
ここに安心し満足するから、また来てくれます。
そのまた来てくれるお客様が増えるから店が繁盛するのです。
お客様と共に歩んでこそ繁盛店！

情熱と誇りが繁盛店！

繁盛店には仕事に対する情熱と誇りがあります。
そしてその情熱と誇りを、働く全員が持っています。
それは全員が仕事に責任を持っているということです。
だから常にお客様のことを考え、行動しています。

言われたことだけをやる作業者ではありません。
全員がお客様の立場で考え、お客様の立場で行動しています。
そしてそれが店の信用になっています。
その信用が次回来店につながっているのです。
繁盛店には全員の情熱と誇りが必要！

問題と格闘してこそ繁盛店！

我々には目覚めるたびに新たなチャンスが待ち受けています。
それはカイゼンの余地も無限にあるということです。
問題と格闘しないのは、チャンスを逃していると言えます。
チャンスを逃さないためにも、日々問題と向き合って下さい。
そしてその問題を一つ一つ解決して下さい。
この徹底した姿勢から新たな発想が湧き出るのです。
繁盛店とは、そんな問題と格闘している店のことです。
日々問題と向き合い、最後まで問題解決を諦めない店のことです。
問題解決こそが繁盛店への道！

言葉と笑顔が繁盛店！

業績が厳しいと、知らないうちに愚痴が出て笑顔がなくなっています。
しかし、愚痴や苦々しい表情からは何も生まれません。
大変な状況の時こそ、前向きな言葉と笑顔が必要です。
そこから新たな成長への突破口が開けます。
それは、言葉と笑顔が心をつくり、その心が行動に結びつくからです。
まずは、一人ひとりのお客様のご来店に感謝して下さい。
そして、元気な挨拶でお迎えし、最高の笑顔で接客して下さい。
そうすれば、必ず業績は改善します。
いつの時代も言葉と笑顔で繁盛店！

常連客を増やしてこそ繁盛店！

厳しい時こそ常連客を増やす必要があります。
それは、常連客が現状の難局を突破する鍵を握っているからです。
そんな常連さんを増やす策は、お客様の名前を覚えることから始まります。
繁盛店には、一人で１００名、２００名を覚えている人がいます。

お名前でお呼びしながらコミュニケーションを取っています。
それが常連さんにつながり、熱烈な店のファンになるのです。
そして店を宣伝し、新たなお客様を連れて来てくださいます。
この循環が、繁盛店、大繁盛店へと導いてくれるのです。
お客様が店を繁盛店へと導く！

大いなる情熱が繁盛店！

情熱を抱いたとき、店の人たちとの真のコミュニケーションが生まれます。
その結果として、安全で安心していただける美味しいお料理が提供出来ます。
さらに、親切で感じの良いおもてなしが生まれます。
そして、衛生的で清掃が隅々まで行き届いた空間が自然に出来上がります。
情熱のないところには、良い仕事は育ちません。
情熱が、働くみんなの心の豊かさとなるのです。
店を成功に導くとは、そんな大いなる情熱が必要です。
それは、大いなる情熱が店を成長させるからです。
情熱があってこそ繁盛店への道！

全ての人を大切にしてこそ繁盛店！

顧客満足（CS）と従業員満足（ES）が繁盛店への道です。
それは全ての人を大切にすることです。
どちらか一つではありません。
この両方が出来た店だけが繁盛店の道を歩めます。
そのためには、まず店の人たちを大切にしていることを行動で示すのです。
そうすれば、店の人たちはお客様を大切にします。
イラついた顔で接することは絶対にしてはなりません。
我々の仕事は、店の人たちに元気と笑顔を与えることです。
店の人を大切にしてこそお客様の満足！

クレームゼロで繁盛店！

クレームを頂くことは大変残念なことです。
しかし、クレームから学ぶことで店は繁盛します。
最終目標はクレームをゼロにするということです。
クレームゼロを当たり前に日々の営業を行なうことです。

これが出来たところが繁盛店になります。
繁盛店になるためには、お客様の声に耳を傾けるのです。
そして、お客様と共に歩むのです。
その歩んだ分だけ店は成長します。
クレームゼロを当たり前に商売！

自分磨きが繁盛店！

スポーツの世界には心技体という言葉があります。
その心とは、自分に打ち勝つ強い精神力です。
そして技とは、厳しい鍛錬で磨き抜かれた技のことです。
最後の体とは、強い体づくりのことです。
道を極めるためには、これを磨くことだと言われています。
商売の道にも「心技態」というものがあります。
私たちの心とは、親切なおもてなしの心、技は調理やサービスの技能です。
最後の態は、サービスパーソンとしての態度です。
心技態を磨いてこそ繁盛店！

六つの大切が繁盛店！

繁盛店にはいくつかの共通点があります。
そんな一つに、次の六つの大切があります。
1. 毎日がオープン、毎日が初演、毎日が一期一会を基本！
2. Q・S・C（品質・サービス・清潔）にこだわり、常に最高のオペレーションを目指す！
3. 日々の営業を振り返り、そして次への営業につなげる！
4. 予算達成にこだわり、執着心と粘り強さを持つこと！
5. 徹底して仕事を教え、仕事が出来ない人をなくすこと！
6. 勝っても思い上がらない、負けても落ち込まないこと！

足りない点の補いが繁盛発展への道！

トコトン出来れば繁盛店！

当たり前のことを当たり前にしてこその商売繁盛です。
それは、元気な挨拶に、お掃除された綺麗な店のことです。
それに加えて、親切なおもてなしに、正しい身だしなみです。
勿論、美味しいお料理の提供は当たり前のことです。

この当り前のことを、どれだけ出来るかで店の成長が決まります。
しかし、これがなかなか難しいのです。
でもこの難しいことが確実にできれば、必ず繁盛店になれます。
それも、トコトンやる！ 徹底してやる！ 出来るまでやる！ ことです。
「当たり前」は難しいことへの挑戦！

徹底したお掃除で繁盛店！

売上の悪い店の共通点に、店の汚れがあります。
この問題は重症で、全員の意識に問題があります。
その原因は、当たり前のレベルが低いことにあります。
それゆえ、客席にゴミが落ちていても、平気でそのゴミをまたぐのです。
呆れますが、そんな店をよく見ます。
そんな状態でも平気なのです。
そんな意識が店をダメにしているのです。
だから汚い店は絶対に売れないのです。
掃除にこだわってこそ繁盛店への道！

商いの心が繁盛店！

商品を売って代金を頂くなら、自動販売機で十分です。
自動販売機は故障しない限り、クレームも生じません。
しかし、自動販売機では繁盛店にはなれません。
繁盛店には、お客様との心のつながりがあります。
だからこそ、お客様から選んで頂け、繰り返しご来店頂けるのです。
店の人気や評判は、そんな日頃の積み上げから出来るものです。
そこで大切なことが、心の通った商いです。
それが感動と記憶に残る店につながるのです。
商売は商いの心が基本！

笑顔を生み出してこそ繁盛店！

外食産業はホスピタリティー産業です。
ホスピタリティー産業とは、お客様の喜びを指します。
それは、お客様の笑顔です。
そして、働く仲間の笑顔でもあります。

そんな笑顔を生み出してこそ、繁盛店の道へと踏み出せるのです。
ともかく、常に笑顔で仕事をすることです。
その笑顔をお客様と働く仲間に与えることです。
そこから繁盛店の道を歩めます。
笑顔を生み出してこそ繁盛店！

店磨きが繁盛店！

繰り返しのご来店が繁盛店への道です。
それも多くのお客様に来て頂くことです。
それがその店の人気を示すことになり、評判を示すことにもなります。
繁盛店になるためには、常に店に磨きを掛けなくてはなりません。
つまり、店を進化させ続けることです。
これを軽視すれば、お客様は必ず離れてゆきます。
それは店の評判が下がり、店の人気が落ちるということです。
その結果、来店のお客様が減って不振店になるのです。
店を進化させてこそ繁盛店！

真剣こそが繁盛店!

一日として粗末にしていい日はありません。
毎日が開業日! 毎日が初演! 毎日が一期一会! です。
そして毎日が新たな挑戦の一日です。
この心意気が商売繁盛では一番大切です。
つまり、一日一日を真剣に営業しようということなのです。
それは、毎日を本気の本気で商いをするということです。
昨日の続きの今日ではなく、新たな一日の始まりです。
そんな毎日の連続が店を繁盛店へと導いてくれるのです。

単純ですが真剣こそが繁盛店!

目配り、気配り、心配りで繁盛店!

目配り、気配り、心配りは営業では何より大切です。
これらは、お客様の事前期待にお応えするものです。
これを実行できる店が繁盛店になります。
しかし、この目配り、気配り、心配りがなかなか出来ないのです。

結局、お客様の事前期待を裏切り、クレームが噴出します。
そうして自分たちでお客様を減らし、たちまち不振店に転落してしまうのです。
繁盛店になりたければ、お客様の事前期待を裏切らないことです。
そのためには、目配り、気配り、心配りに磨きをかけることです。
事前期待に応えてこそ繁盛店！

看板とのれんで繁盛店！

我々の商売は、よく「待ち」の商売と言われます。
しかし、待っているだけで繁盛店にはなれません。
黙っていて、お客様がくる時代ではありません。
お客様の方は、沢山ある店から良い店を探します。
そこで、しっかりと自分たちの店の存在をアピールする必要があります。
まずは、駐車場に掲げられた看板やのれんを見直して下さい。
ゴミや雑草、破損や破れ、それに汚れなどは絶対にあってはなりません。
それらを放置するから不振店になるのです。
存在を知らせてこそ繁盛店！

凡事徹底で繁盛店！

よく奇手妙手《きしゅみょうしゅ》と言いますが、それが通じるのは一瞬のことです。
何度も通じるほど商売は甘くありません。
商売を成功させるために必要なものは、極めて常識的なことばかりです。
当たり前のことを当たり前にやり切ることです。
つまり、あくまでも平々凡々なことの積み上げなのです。
当たり前のことを至極当たり前にやり切ることです。
これが凡事徹底ですが、この当たり前のことがなかなか出来ません。
なぜなら、当たり前のことにこだわる執着心が足りないからです。
当たり前にこだわってこそ繁盛店！

自らの力で繁盛店！

店長の力で売上も利益も変わってきます。
それは、店長の力で繁盛店にもなり、不振店にもなるということです。
このことは個店でもチェーン店でも同じです。
最後は店長の力で店の価値が決まるのです。

そして店長の力で業績が決まるのです。
大変厳しい時代ですが、素晴らしくも、やり甲斐のある時代でもあります。
仕事が正しく評価される時代になったということなのです。
だから、自らの力を高め、結果で評価を示すことが必要です。
店を繁盛させてこそプロ店長！

伝統や文化で繁盛店！

繁盛店の共通点に、伝統や文化の高さがあります。
一般の店舗と比べると、当たり前のレベルに格段の違いがあります。
この当たり前のレベルを高めることが何より大切です。
しかし「言うは易く、行なうは難し」は世の常です。
素晴らしい理念も、実践の裏付けがなければ机上の空論です。
実践が伴ってこそ、伝統や文化になってきます。
全員が店の質を守ること、全員が仕事に妥協しないことが必要です。
そして、全員でその質を高め、情熱とこだわりを持つことです。
実践が伴ってこそ繁盛店への道！

体験価値が繁盛店！

お客様が得をする店が繁盛店です。
逆に、お客様が損をする店が不振店です。
何も難しい理屈などありません。
繁盛店・不振店は、店での体験価値の結果で決まります。
その体験価値が良ければ、お客様は得をします。
逆に、その体験価値が悪ければ、お客様は損をします。
日々良い店づくりを目指すのもそのためです。
目的は、お客様の店での体験価値の最大化です。
体験価値の最大化が繁盛店！

人間力と営業力で繁盛店！

店は人間力と営業力で決まります。
人間力と営業力によって、オペレーションの善し悪しが決まるからです。
オペレーションが弱い店は、これらが足りません。
繰り返しますが、人間力と営業力が弱いということです。

だから売れる日に売れないのです。
だから繁忙日に必ずクレームが多く出るのです。
販促と改装で出来ることは、お客様を店に呼ぶだけです。
店が繁盛するためには、人間力と営業力でお客様に喜んで頂くしかありません。
繁盛発展は人間力と営業の力を高める！

お料理とおもてなしで繁盛店！

感じの良い接客は店のお料理を引き立てます。
良い接客が美味しさを際立たせるのです。
心のこもったおもてなしが大切なのは、そういう働きがあるからです。
お客様はこうして、おなかも心も幸せな気分に浸ることができるのです。
このことがこの仕事に携わる喜びであります。
そして、そんな我々の仕事振りを通じて、お客様は店を評価しています。
美味しさと接客が店の人気を決定づけているのです。
人気を得るためには、もっともっとお料理に関心を持つことです。
本当の美味しさには、おもてなしがある！

三つの気で繁盛店！

繁盛店にはいくつかの共通点があります。
その一つに、元気！ やる気！ 本気！ のウェーブがあります。
それは、全員が元気で仕事をする、やる気を持って仕事をすることです。
そして、最後は全員が本気で仕事をすることです。
この三つの気が店を繁盛店へと導いています。
繁盛店を築くには店長自身が、元気、やる気、本気で仕事をすることです。
そして、その元気とやる気と本気を仲間に与えることです。
最後は、その三つの気でお客様を笑顔にすることです。
三つの気が店を繁盛店へと導く！

朝に発意、昼に実行、夕べに反省で繁盛店！

商売繁盛の基本は、朝に発意、昼に実行、夕べに反省の実践です。
つまり、仕事を始める前に今日やることをしっかり考える。
次に、その考えたことを確実にその日の業務で実行する。
そして最後は、その日一日の反省を必ず行なうことです。

この流れで、一日一日を真剣に店を営業することが商売繁盛の基本です。
もし惰性に流された日々を送っていれば、見直しが必要です。
直ちに行動を改めなくてはなりません。
それは、日々やるべきことを考え、必ずその日の営業を振り返ることです。
商売繁盛は毎日が振り返り！

クレーム対応で繁盛店！

お客様は何かを期待して店にやって来ます。
その期待に応えるのが私たちの務めです。
しかしその期待に応えることが出来ない時、クレームが発生します。
お客様からクレームが出るのは大変残念なことです。
しかしお客様は、私たち以上に嫌な思いをされています。
そのお客様が問題をご指摘下さるのだから、有り難いことです。
だからお客様の要望には、お応えしなくてはなりません。
そうすることによって我々の想いが伝わります。
クレーム対応は商売繁盛の基本！

4 リーダーについて

真のリーダーは戦い続ける！

どんなに厳しくても諦めてはなりません。
諦めたら、その時点で戦いは終わります。
戦い続けてこそ、成長への突破口を切り開くことができるのです。
戦い続ければ、必ず明るい未来は来ます。
冬の次には春が来るし、夜の次には必ず朝が来ます。
その春や朝が来る前に諦めるから未来を開けないのです。
だから、どんなに厳しくても諦めてはなりません。
大きな夢と高い目標を掲げ続けることです。
真のリーダーは心に太陽を！

真のリーダーは自らが火種となる！

目標達成には、まず自らが燃えなくてはなりません。
それは、情熱と熱意が目標を達成する原動力になるからです。
だから情熱と熱意が足りなければ、良い仕事が生まれません。
また、仕事が中途半端になり、最後までやり切ることも出来ません。

さらには、店の人たちを巻き込むことも出来ません。
店を繁盛店へと導くためには、店の全員の力が必要です。
全員の力を一つにしなくてはなりません。
そのために必要になるのが、情熱と熱意で、自らが燃えることです。
真のリーダーは自らが燃える！

真のリーダーは諦めない！

厳しい状況の上でのさらなる厳しさです。
一難去ってまた一難で、本当に試練の連続です。
仕事を投げ出したくなる気持ちもあると思います。
これはごくごく普通のことですが、しかし諦めたら終わります。
諦めなければ、必ず次に進めます。
そのためにも日々現状と向き合って下さい。
そして、結果の数字を変えることに執念と熱意を持って下さい。
併せて新たな追加の一手を打って下さい。
真のリーダーは戦い続ける！

真のリーダーは烈々《れつれつ》たる気迫！

厳しさを成長へと変える原動力は烈々たる気迫です。
それと、一つ一つの成果であることを忘れてはなりません。
成功体験の積み上げが難局を打破する突破口につながります。
しかし過去の成功体験で考え行動しても、上手くいきません。
時代を乗り切るためには、習慣、慣行、常識を打ち破ることです。
しかし、どんなに厳しくても、あせってはなりません。
あせりは禁物です。深みにはまるばかりです。
大切なことは強い執念と勇気で取り組むことです。
真のリーダーは気構えを持つ！

真のリーダーは耐えて備える！

今の時代、次から次へと試練が与えられます。
しかし、厳しさが店を鍛えてくれます。
それでも、予約のキャンセルや来客数減は避けられないでしょう。
今を乗り切るためには、絶対に諦めてはなりません。

商いには、耐えることも必要です。
勿論、ただ耐えるだけではなく、より強くなることを目指すのです。
そして次の商いに備えなくてはなりません。
それは諦めないで何度でも戦い続けることです。
真のリーダーは次の戦いに備える！

真のリーダーは勝つと思って戦う！

我々の仕事には商戦と言われる戦いがあります。
それは正月商戦に春休み商戦、お盆商戦に年末商戦などです。
戦う以上は、常に勝つことを目的に戦わなければなりません。
そして、そのことを自分自身に言い聞かせなければなりません。
それでなくては、勝ちを呼び込むことは出来ません。
負けると思って戦えば、必ず負けます。
だから、勝つと思って戦わなくてはなりません。
そうすれば、最後には必ず勝つものです。
真のリーダーは勝ちを呼ぶ！

真のリーダーは毎日が新たな挑戦！

我々には、毎日新たなチャンスが待ち受けています。
毎日が新たな挑戦の連続なのです。
ですから、問題を放置しない、先送りしないことです。
そして、日々問題と格闘することです。
しかし実際には、何も新たなことに挑戦をしない人がいます。
これでは変化は起きません。
大切なのは、日々果敢に新たなテーマに挑戦することです。
そして、結果を変えることに情熱と熱意を持つのです。

真のリーダーは結果を変える！

真のリーダーは自分を変える！

同じことをしても結果に差が出るのは、あなた自身に問題があります。
情熱や熱意といった心の持ち方が弱いからです。
それに、勝ちにこだわる執着心が足りないからです。
そして、直ぐやる必ずやるといった実践力が弱いからです。

目標を達成できないのは、そんなあなた自身の姿勢に問題があるからです。
良い結果を得たいのであれば、そんな自分を磨き高めることです。
自分を変えないで結果を変えたいなどと思ってはなりません。
努力を積上げた人のみが勝者への道を歩むことが出来るのです。
真のリーダーは自分磨きを怠らない！

真のリーダーは問題の本質を掴む！

表面的な捉え方では問題は解決しません。
トコトン真因を探らなくてはなりません。
問題の本質を掴まなければなりません。
掴めたら、問題解決のための対策を立てることです。
ここまでの思考が問題解決につながるのです。
大切なことは、問題解決のための対策判断です。
そこに生きたノウハウをどれだけ入れるかで結果が決まります。
学んだこと、気づいたことを取り入れてこそ結果も変わります。
真のリーダーは学習の積み上げ！

真のリーダーは今日中に!

今日やるべき仕事は今日中に終える。
これは全ての仕事の基本です。
だから仕事を持ち越すことはありません。
持ち越すと、中途半端な仕事を積み上げることになるからです。
さらには納期に対する考え方が甘いため、スピードも遅くなります。
これだから良い結果を得ることが出来ないのです。
良い結果を得たいのであれば、今日やるべきことは今日中に終えることです。
これを基本に一日一日を本気で戦うことです。
真のリーダーは仕事の納期が毎日!

真のリーダーは自分のやる気を示す!

成果を得るためには、あなた自身のやる気を示さなくてはなりません。
熱意を示し、明るく元気を込めて呼びかけるのです。
そして、みんなにやる気と情熱と元気を与えるのです。
さらには、先頭に立って方針と対策を具体的に示すことです。

そうすれば、店の人たちもやる気を持って仕事をします。
あなた自身のやる気が店の成長発展を決めるのです。
そのためには自分自身を磨き高めることです。
店は、そんなあなた自身を鏡に映したミラーイメージです。
真のリーダーは先頭に立つ！

真のリーダーは自覚、自発、自治！

仕事には、自覚・自発・自治が欠かせません。
その自覚とは、自分の立場、自分の責任を理解し行動することです。
つまり、責任を自覚し、常に自らに反省を促すことです。
次に自発とは、自らが考え、自ら行動することです。
プロたる者、指示待ちで仕事をしてはなりません。
自発性を持って行動してこそ、良い結果を得ることが出来ます。
そして最後の自治とは、自分の所は自分で守ることです。
他の人に迷惑をかけないことが、チームワークの原則でもあります。
真のリーダーは自己責任を持つ！

真のリーダーは成果を求める！

求める気のない人は、成果を手に入れることは出来ません。
良い成果を得たいのであれば、まずは自ら追い求めることです。
それは、結果に対しての執着心と粘り強さでもあります。
また、諦めることのない強い心でもあります。
これらによって、行動力が養われます。
また、常に挑戦し続けるチャレンジ精神が養われます。
成果を求めて行動することです。
そんな成果を追い求める姿勢がリーダーには必要です。
真のリーダーは求める気持ちが強い！

真のリーダーは情熱を傾ける！

偉大な指導者には共通点があります。
それは勝つことに情熱を傾けていることです。
だから彼らは仲間を駆り立て、全員の力を一つにする努力をしています。
決して自分の会社の弱点をあげつらうことはしません。

勿論、愚痴をこぼしたりするなど論外です。
常に次の戦いに向けた準備をしています。
そして日々新たな戦いに挑戦しています。
皆、勝者のために働き、勝ち組に入りたいと思っているのです。
真のリーダーは勝つことに情熱！

真のリーダーは自分でモチベーション！

誰にでも辛い日や落ち込む日はあります。
これはごくごく普通のことです。
しかしそんな日でも、元気にその日の営業に当たらなくてはなりません。
そんな日には、自分自身に対してモチベーションを与えることです。
リーダーのモチベーションは、セルフが基本だからです。
つまり、自分自身で自分のやる気を高め、維持することです。
そのためには、どんな時でも前向きに考え、そしてプラスの言葉を使うことです。
絶対出来る、必ず出来る、ということを自分自身に言い聞かせることです。
真のリーダーは自分にやる気を与える！

真のリーダーは継続力！

成果を上げる人には、ある共通点があります。
それは学歴や知能の高さではありません。
そこにあるのは、情熱や熱意に、粘り強く努力する力です。
さらに、最後までやり遂げる継続力があります。
そこには、すぐに諦めてしまうような人はいません。
取り組んだら、達成するまで粘り強くやり切っています。
いかなる成功も、瞬発力だけではなかなか結果が出ません。
少しずつ積み上げていく持続力が結果を作るのです。
真のリーダーは継続力で結果を変える！

真のリーダーは徹底力！

物事を徹底することで全てが解決する訳ではありません。
しかし物事一つでも徹底できなければ、何も解決しません。
これは全てについて言えることです。
挨拶一つ、身だしなみ一つささえ満足に出来ない店があります。

中途半端はゴミの山でしかありません。
やる以上は徹底してやり遂げることです。
そのためには、トコトンやる、出来るまでやることです。
一つのことを徹底することで、他のことも良くなっていくものです。
真のリーダーは徹底力で現場を変える！

真のリーダーは夢と目標を持つ！

人は指示や命令だけで動くわけではありません。
勿論、指示や命令だけで店が良くなることもありません。
人や店が良くなるためには、全員の積極的な行動が必要です。
それは、夢や目標に対して納得合意している状態を意味します。
この状態にするには、まず自分自身が夢や目標を持つことです。
そして、そのことを明示することです。
何も難しく言う必要はありません。
単純に分かりやすく伝えれば、みんなの理解と合意が得られます。
真のリーダーは夢と目標を語り、共に働く！

真のリーダーは部下にも共通点！

良きリーダーには、部下に対する七つの共通点があります。それは、

1. 部下に対して自信を持っています。
2. 部下の能力を引き出すのは自分だと考えています。
3. 部下には、知っておくべきことを常に知らせています。
4. 部下が仕事を理解するまでコミュニケーションを取っています。
5. 部下の良い仕事振りを認め、褒めることに気を使っています。
6. 常に仕事の成果を求め、新たな課題を与えています。
7. そして、自分自身にも自信を持っています。

真のリーダーは部下を通じて責任を果たす！

真のリーダーは一心不乱！

リーダーは、目の前の仕事に一生懸命に打ち込んでいます。
それは、四の五の言わずに一心不乱に問題と取り組んでいる状態のことです。
しかし問題と向き合わず、その問題から逃げているリーダーもいます。
だから良い成果を得ることが出来ないのです。

当たり前ですが、仕事には、出来なかった理由も言い訳も通じません。

必要なことは、結果としての成果であり業績です。

成果を得るためにも、一心不乱に目の前の仕事に取り組む必要があります。

自分を高め、人格を形成する力がそこにあるからです。

真のリーダーは目の前の仕事に一生懸命！

真のリーダーは三つの共通点！

当たり前ですが、同じことをしても結果に大きな差が出ます。

それはリーダーの力の差に起因しているからです。

会社は社長で決まり、部は部長で決まり、店は店長で決まるのです。

つまり、リーダー一人の力によって全てが決まるということです。

共通点は、情熱や熱意といった心の持ち方、それに勝ちにこだわる執着心です。

そして、出来るまでやる、トコトンやるといった行動力の三つです。

このリーダーの心の持ち方、執着心、行動力が結果を決めるのです。

繰り返しますが、心の持ち方、執着心、行動力が物事を成就する決め手になるからです。

真のリーダーは三つの力で結果を変える！

真のリーダーは日々フィードバック！

誰でも、自分の仕事の結果については知りたいものです。
やっていることがどのくらい成果を上げているか、を知りたいのです。
その出た結果を反省材料に、次の仕事に取り組みます。
このように仕事を進めていくことで、人はやる気を起こします。
だから、仕事に対する評価は忘れてはなりません。
つまり、結果のフィードバックです。
これはすぐに実行できるし、コストもかかりません。
しかも、驚くほど効果があります。
真のリーダーはフィードバックで業績を高める！

真のリーダーは収支両面で業績向上！

商いにおいても、勝てば官軍、負ければ賊軍と言われます。
だから、常に勝つこと、良い業績を残すことを目標にしなくてはなりません。
そこで必要になってくるのが、リーダーとしての売る力です。
そして今一つが、リーダーとしての儲ける力です。

その売る力とは、仕事の段取りのことで、これで成果が決まります。
また儲ける力とは、徹底したムダ取りです。
生産性を向上させ、収益性を高める力のことです。
段取りとムダ取りで、売る力と、儲ける力を身につけることができます。
真のリーダーは売る力と儲ける力が強い！

真のリーダーは褒めながら前進！

完璧に仕事を終えるのを見届けてから褒めるという人がいます。
つまり、目標が達成されるまで待つわけです。
勿論、これには悪意はないと思います。
しかしそれでは、永遠に待つ羽目になるかもしれません。
完璧な行ないというのは、完璧に近い行ないの集積です。
ですから、その進歩を褒めてやる方が、はるかに意味があります。
部下も日々努力し、そして日々進歩しています。
ですから完璧でなくても、上手く出来たときは見逃さず評価することです。
真のリーダーは褒めることに注意！

真のリーダーは部下に成果！

リーダーは、部下にやる気を与え、やる気に火をつけなくてはなりません。
それは、部下に良い成果を出させることがリーダーの仕事だからです。
部下が良い結果を出すことで、その部門の業績も高まります。
さらに部下の評価も高まり、次の良い成果を得ることも出来ます。
部下を敗者にすることは誰にでも出来ます。
出来ないことを指摘するだけであれば、新入社員でも出来ます。
部下が良い成果を残すためにリーダーがいるのです。
これを基本に、部下と共に考え、行動することが大切です。
真のリーダーは部下を勝者にします！

真のリーダーは日々反省！

日々反省をしている人は、日々成長しています。
成長している人は、日々反省をしている人だということです。
だから、同じ失敗を何度も繰り返すようなことはしません。
必ず失敗から学習し、同じ失敗をしないための対策行動を取っています。

しかし、結果を振り返らない人がいます。
場当たり的な行動で、全てが中途半端な人がいます。
これだから成長も成果も得ることができないのです。
成長と成果を得たいのであれば、日々反省を怠らないことです。
真のリーダーは同じ失敗をしない！

真のリーダーは創り出す！

今の時代、新たな価値を創造することが必要です。
新たな価値が、新たな集客力につながるからです。
そしてその集客力が、結果として売上につながります。
併せて、新たな仕組みの創造も必要です。
それは、新たな仕組みの創造が、新たな儲けの仕組みになるからです。
新たな物をつくり出し、今の時代に挑戦しなくてはなりません。
そうしなければ落伍《らくご》してしまいます。
過去の成功体験に縛られてはいけないのです。
真のリーダーは常に創造する！

真のリーダーは正直者！

政治のことについて云々言うつもりはありません。

しかし嘘をついたり、悪いことをする政治家や官僚が後をたちません。

それも、絶対にしてはいけない立場の人が平気で嘘をつき、悪いことをします。

明治維新のリーダーや産業界のリーダーに、そんな人がいたのでしょうか？

みなさん、大いなる情熱と熱意を持って真摯に取り組んでいたのではないでしょうか？

そういった意味では、リーダーは正直者でなくてはなりません。

おてんとさまは全てお見通しで、どんな小さなことでも見逃しません。

子供のころ教わった、悪いことはするな、正直であれ、は人として最も大切なことです。

真のリーダーは道徳観や倫理観が大切！

真のリーダーは実行力！

結果の業績が伴わなければ、評価されないのがビジネスの世界です。

だから常に良い結果を残すことを考え、行動する必要があります。

そのためには、決めた対策をまずは実行に移す力が求められます。

それは、実行力＝業績を上げることを意味しているからです。

業績を上げることが出来ない人は、この決めた対策を実行に移す力が足りないのです。

最終的な成果の90%は、この実行力で決まります。

それは、どんなに良い計画でも実行が弱ければ、良い結果を得ることが出来ないからです。

良い成果を得たいのであれば、実行しながら追加対策で修正すればよいのです。

真のリーダーは走りながら考え、また走ってゆく！

真のリーダーはワンチーム！

我々の仕事は、人の労働の積み上げによって成り立っています。

そして、その一致団結した力の集積が最終的な成果を生みます。

だから、単に人が多いだけでは成果は生まれません。

成果を生むためには、ワンチームとしての団結した力が必要です。

それをまとめ、進むべき方向に導くのがリーダーの仕事です。

バラバラでは力が分散され、場合によってはマイナスにもなります。

リーダー一人の力で、組織は大きく変わるのです。

それだけリーダーの影響力は大きいことを認識しなくてはなりません。

真のリーダーは常に先頭に立つ！

5 仕事について

最善の上の最善！

カイゼンの余地がない仕事など存在しません。
全ての仕事には、最善の上に最善があります。
だから常に現状に満足してはなりません。
さらなる上の仕事を目指さなくてはなりません。
上を目指せば、確実な成長と劇的な変化が生まれます。
まずは、固定観念を捨てることです。
出来ないという考えを捨て、新たなことに挑戦することです。
それが最善の上の最善につながります。
カイゼンは無限にあり、尽きない！

大事は小事より起こる！

大事は小事より起こると言われます。
大きな事件や事故は小さな原因で起こるということです。
つまり、小さな問題を放置したことが本当の原因なのです。
小さな問題は、知らない間に重大な問題を引き起こします。

見過ごしてしまうと、とんでもない重大なことになります。
このことわざは、中国の古典「老子」の中に出てくる言葉のようです。
老子の中では、「大事は必ず細より作る」と、書かれています。
全ての物事には必ず原因があり、対策があるということです。

日々の営業にも細心の注意が必要！

衛生の基本作業！

我々の仕事の中でも、衛生に関する基本作業は重要です。
それは身の回りを清潔にし、食中毒を起こさないようにすることです。
店の衛生管理では、手洗いやマスクの着用、それに健康チェックなどが当たります。
それに、ダスターやまな板、テーブル等の消毒も大切です。
問題は、これらが正しく当たり前に出来ることです。
ポイントは二つです。
一つ目は、全員が毎日当たり前に出来ることです。
そして二つ目は、全員が正しく出来ることです。

衛生管理はこの仕事の基本！

手抜きはあってはならない！

継続的に店が繁盛するためには、きわめて常識的なことが大切です。
当たり前のことを至極当たり前にやり切ることが大切なのです。
特に、挨拶や身だしなみ、それに、お掃除は重要です。
これらは絶対に手抜きがあってはなりません。
しかし、この当たり前のことを手抜きするのです。
特に忙しい繁忙期などは乱れてきます。
そこには妥協や見逃しがあり、頑固さが足りないのです。
これだから、店が繁忙期後に悪化するのです。
頑固に取り組んでこそ本物の仕事！

厳しい時こそカイゼン！

厳しさに直面した時、ただ右往左往していませんか？
また、大変だ！大変だ！と単に騒いでいるだけではありませんか？
これでは何一つ問題は解決しません。
業績が悪いと、自分自身を見失って右往左往します。

目の前の問題を解決しようとせず、そのまま放置してしまうのです。
しかし、厳しい時にこそチャンスです。
厳しい時こそ、カイゼンまたカイゼンが求められるからです。
カイゼンを徹底してやる！　トコトンやる！　出来るまでやり切ることです。
厳しい時こそ強くなるチャンス！

災い転じて福となす！

災い転じて福となすとは、災難や失敗にあってもそれを糧に成長する意味です。
災いを上手く利用して、自分の有利になるようにすることです。
順風な時より、逆風が自分を育ててくれるのです。
ある人が「人間は我が強いから、我慢ができない。
しかし、辛抱はできる」と言っていました。
さらに「辛抱という字は、辛さを抱くと書く。
だから辛抱というのは、辛さを抱きしめればいいってことよ」と言っていました。
共感できる素敵な考え方です。
辛抱で逆風を乗り越える！

規則正しい生活のリズム！

仕事には的確な判断と実行が重要です。
そのためには、自然の流れに沿って行動することも大切です。
よく「早起きは三文の徳！」と聞きます。
私も昔から早く起きて会社に行っていました。
健康にも良いし、午前中に仕事を済ませることができました。
頭の動く時にしっかり考え、そして的確に判断していました。
午後は今後のことをゆっくりと考えるために、時間を取っていました。
これこそが、自然の流れに従った本来の規則正しい生活のリズムです。
自然の流れに沿って行動するのも大切！

追加の一手が突破口！

厳しい戦いが我々一人ひとりを鍛えます。
その結果、会社と店を強くしてくれます。
ですから、日々現状と向き合って下さい。
結果の数字を変えることに、執念と熱意を持って下さい。

そして、常に新たな追加の一手を打つのです。
それはつまり、戦い続けなくては時代の勝者になれないということです。
経営環境の変化は日々刻々と起きております。
そのためにも対策を積み上げることです。
対策の積上げが成長への突破口！

営業は基本！

1. 毎日が元気、やる気、本気の営業を基本とすること。
2. 毎日が開業日、毎日が初演、毎日が一期一会を営業の基本とすること。
3. 売上は予算の上、経費は予算の下、これを営業の基本とすること。
4. 予算達成にこだわり、執着心を持った戦いを営業の基本とすること。
5. 日々コントロール、日々進捗の確認を営業の基本とすること。
6. 一円の売上、一円の利益を積み上げることを営業の基本とすること。
7. 全てにおいて、最善の上の最善を目指すことを営業の基本とすること。

営業はこの基本をトコトンやり切ることです。
基本を徹底してこそ商売繁盛！

日々の努力が大切！

営業に一喜一憂してはなりません。
日々の戦いで負けたからといって、それで終わるわけではありません。
逆に、戦いに勝ったからといって、それが永遠に続くこともありません。
だから、日々の戦いにおいては、負けても落ち込む必要はありません。
逆に、勝っても思い上がってはなりません。
商売は、日々新たな努力あるのみです。
老舗と言われる店は、日々の努力の積み上げを大切にしています。
その行ないは、仕事に対する絶対的な自信の裏づけからくるものです。
営業は一喜一憂しない！

仕事には終わりがない！

我々は、仕事には終わりのないことを知っています。
我々は、常にもっと良い仕事が出来るはずだと思っています。
それは毎日、昨日とは違う「差」をつけることです。
我々が目指すのは、店の価値を高めるためにベストを尽くし続けることです。

それは、美味しいお料理を出すことに、親切なおもてなしをすることに、
そして、店を磨き上げることに日々不断のカイゼンを図ることです。
これが、我々が目指している真の姿です。
過去は既になしてきたことで、すべきことは未来に向けた努力です。
常に未来に向けた努力が大切！

自由競争における基本原則！

当然ですが、お客様は自分たちで勝手気ままに店を選びます。
それは、選択権がお客様にあるからです。
店数が増えると、その分、お客様にとっては豊かになります。
しかし、我々にとっては当然ですが、競争がより厳しくなります。
それは、仕事の真価が問われるということでもあります。
その結果、お客様に選ばれた所だけが繁盛します。
逆に、お客様に選ばれなかった店は不振店になり、市場から退場します。
厳しいですが、これが自由競争における基本原則です。
選ばれない限り、生き残ることは出来ない！

四六時中仕事に打ち込んでこそ成果！

仕事は、日々予算達成、日々コントロールが基本です。
それに日々、進捗確認と追加の対策が求められます。
これを実行して、ようやく責任遂行利益を果たすことが出来ます。
しかし、仕事が甘い人はこれが出来ません。
日々予算達成も、日々コントロールも疎《おろそ》かになります。
そして、月末になって、取り返しがつかないことに気が付きます。
しかも、何カ月も同じ失敗を繰り返している人がいます。
学習する能力が全くない人がいるのです。

仕事に甘い人は成果を出せない！

ビジネスパーソンの会議とは！

我々ビジネスパーソンの会議とは、何を学んだか、何を聞いたかではありません。
大切なことは、新たに得た情報や知識を次に生かすことです。
それは、結果として何をどう変化させたかです。
お客様の満足や従業員の働き方、それに結果の数値をどう変えたかです。

これが会議に参加する人たちに対する責任でもあります。
それはまた、会議を開催した人たちに対する責任でもあります。
会議のための会議、研修のための研修など全く意味のないものです。
もし続けているのなら、即刻やめるべきです。

会議は良い結果を出してこそ意義がある！

ギャップを埋めてこそ成果！

目標設定が仕事のスタートです。
目標もなく、ただ漫然と店を開けても繁盛しません。
目標が、あなたの店を成長発展へと導くのです。
次にすべきは、目標と結果の確認です。
それは、目標と結果のギャップを認識することです。
しかしこのギャップを確認しない人、仕事をやりっぱなしの人がいます。
これだから良い成果を得ることが出来ないのです。
ギャップを確認し、そのギャップを埋めてこそ成長発展の道が開けます。

進捗確認で目標とのギャップを確認！

雰囲気と感覚からの脱却！

雰囲気と感覚で仕事をするから結果が変わらないのです。
それはノーマネジメント、ノーコントロールな状態です。
だから勘で発注したり、根拠のない見通しでスタンバイしたりするのです。
人揃えも自分たちの都合で考えるから、売上と利益の機会損失が発生するのです。
雰囲気と感覚の仕事は楽ですが、それは単に無責任な仕事です。
これでは、店が成長することも繁盛することもありません。
これからの時代は、データを活用し的確な判断と行動が必要です。
それは雰囲気と感覚からの脱却です。
仕事のやり方を変え、成果！

実績こそが存在を高める！

実績こそが、あなた自身の存在価値を高めてくれます。
実績という事実だけは、変えることが出来ないからです。
だから立派な実績を上げたなら、みんなそれを必ず認めましょう。
何より、あなた自身がそれを忘れることはないでしょう。

さらに言えば、その実績があなた自身の信用の構築になります。
ただし、信用を構築するためには、結果にこだわり、執着心を高める必要があります。
常に問題と向き合い、問題解決に挑戦するのです。
その積み上げが、あなた自身を高めてくれます。

結果にこだわった仕事が信用！

問題解決には客観性と論理性！

問題解決には、客観性と論理性が必要です。
客観性がないと、事実認識が弱くなるからです。
問題を正確に認識してこそ、問題を解決することが出来ます。
次に問題解決には、論理性が必要になります。
論理性とは、問題を解決するための道筋を決めることです。
ここに具体性と計画性がないと、問題は解決しません。
この問題に対する客観性と論理性で、結果の善し悪しが決まります。
当たり前ですが、後は行動力です。

頭と額に汗して成果を出す！

仕事に忠実に、仕事に情熱を！

商売には、絶対的なこだわりが必要です。
併せて、大いなる情熱がなければなりません。
こだわりこそがこの商売で成功するための絶対条件だからです。
しかし、自分たちが提供している商品にこだわりがない店が多くあります。
こだわりと情熱が店の価値を決定することを忘れてはなりません。
仕事に忠実であること、お客様に誠心誠意お応えすることが求められるのです。
忠実であるからこそ夢を持ち、情熱を持って取り組むことが出来るのです。
そんな忠実な仕事があなたの店を成長へと導いてくれます。

頑固なこだわりが繁盛店の道！

明るく、楽しく、元気よく！

常に明るく、楽しく、そして元気よく仕事に取り組まなければなりません。
その明るく仕事をするということは、常にプラス思考で考えるということです。
良い仕事をすれば、必ずお客様が来てくれるということでもあります。
次に、楽しく仕事をするということは、主体性を持つということです。

つまり、一人ひとりが責任を自覚し、日々反省をすることです。
自ら考え、自ら行動することで、これらが可能になるのです。
最後に、元気よく仕事をするということは、速やかに実行することです。
つまり良いと思ったことは、直ぐにやる、トコトンやることです。
あなたの気持ちが業績を変える！

お客様の満足が業績回復！

お客様の数が増えれば、順調なビジネスが約束されます。
満足をしたお客様は、その後も店に来てくれるからです。
そのお客様の満足が毎月の業績を決定付けているのです。
これは当たり前のことで、業績はその結果でしかないのです。
だから、売上を追うだけでは業績は回復しません。
業績を回復させたいのなら、お客様を満足させることです。
残念ながら、これしか方法はありません。
その努力の積み上げが結果の業績を変えるのです。
日々のお客様の満足が業績を変える！

意識と行動！

心が変われば、行動が変わります。
そして行動が変われば、習慣が変わります。
さらに、習慣が変われば、運命が変わります。
これは我々の商売にも当てはまります。
繰り返しますが、意識が変われば行動が変わる。
そして、行動が変われば結果が変わるというものです。
結果が変わらないのは、その行動が変わっていないからです。
そして、行動が変わらないのは意識が変わっていないからです。
意識と行動が結果の数字を変える！

言行一致が基本！

言った通り実行することは、極めて重要なことです。
しかし、こんなごく初歩的な常識が理解出来ない人がいます。
つまり、言っていることと、やっていることが違う人がいるのです。
これが同じにならない限り、良い結果を得ることは出来ません。

これが出来なければ、次に進めません。
良い業績を得るためには、言行一致が何より大切になります。
言行一致の行動こそが業績の決め手になるからです。
全ては、決めたことを確実に行動することから始まるのです。
決めたことを実行し、業績向上！

社会のお役に立つ！

社会のお役に立つとは、なくてはならない店になることです。
店を出すことには、そんな存在意義があります。
裏を返せば、お客様の求めがあるということです。
その求めがあってこそ、地域に根差した商売が出来ます。
しかし、お客様に望まれない店は、選ばれることも存続もありません。
こうなったら撤退するしかありません。
だから、お客様の求めにお応えすることは何より大切です。
つまり、お客様と共に歩むということでもあるのです。
社会に貢献してこそ仕事！

毎日が新たなチャンス！

毎日目覚めるたびに新たなチャンスが待ち受けています。
そんな毎日が新たな挑戦の一日です。
我々は日々進化していますが、それでも過ちも無数に犯しています。
つまり、カイゼンの余地も文字通り無限にあるということです。
問題と格闘しないのは、まさしくチャンスを自らが逃していることと同じです。
我々は時と共に進歩こそすれ、退歩することはありません。
それならば、日々問題と向き合い、そして問題と格闘しなくてはなりません。
この前向きの姿勢から、どんなことも解決できるという発想が湧き出ます。
新たなことに挑戦、が成長の突破口！

問題の起きない努力を！

問題が起こってから対策を打っているようでは遅すぎます。
問題が起こる前に手を打ち、問題が起きないように努力することです。
これは仕事の基本中の基本です。
準備段階での確認を徹底して行なわなければならないのです。

これを怠るから、問題が起きてくるのです。
そして、後手・後手になり、良い結果を得ることが出来ないのです。
最終段取りで確認していれば、大きな問題は絶対に起きません。
予測に基づく計画をしっかりと立てて、準備すればいいのです。
仕事の段取りが業績を決める！

経営の基本は収支両面

経営の基本は、売上は最大に、経費は最小に、これを実践することです。
つまり、売上は予算の上、経費は予算の下ということでもあります。
しかし、売上を増やし経費を減らすのは、生半可なことでは出来ません。
そこには、知恵と創意工夫、そして、大変な努力が必要になります。
大きな努力をするから結果の数値が変わるのです。
ところが、売上は予算の下、経費は予算の上というところが多くあります。
経費予算だけ使って、売上は守っていないのです。
入ってくるものが少ないのであれば、出るものも少なくなって当たり前です。
売上を最大に、経費を最小に！

当たり前に頑固な仕事を！

店が継続的に成長する要因は、極めて常識的なことばかりです。
当たり前のことを至極当たり前にやり切ることです。
これが出来れば、店は必ず良くなります。
しかし、この当たり前のことが難しいのです。
そこには、妥協や見逃しがあります。
全ては頑固さが足りないからです。
だから店が良くなることも、成長することも出来ないのです。
頑固さとは、妥協しない、見逃さない、言い続けることです。

頑固さが店を成長へと導く！

ルール100％実行が基本！

ハウスルールや就業規則といった決まりごとは、１００％実行が基本です。
つまりパーフェクトでなければならないということです。
なぜならば、一つのルール違反が次のルール違反につながるからです。
そして、ルール自体が意味をなさなくなるからです。

ルールに関しては、常に完璧な状態を求めてゆく必要があります。
少々のことは仕方ないと思っている限り、完璧な仕事など出来ません。
99％は０％と同じです。
完璧主義は大変難しいですが、その姿勢がルール１００％を可能にします。
ルール確立には完璧主義が必要！

トコトン考え動く！

問題には必ず原因があり、必ず対策があります。
これをトコトン考え追求することが大切です。
そして最後は、徹底した行動で成果を得ることです。
問題が解決しないのは、考えが浅くトコトン追求していないからです。
だから原因分析と対策判断を間違えるのです。
過去の成功体験だけで得た手を何度も打つから、成果が出ないのです。
まずは、真因を掴むため「なぜ」を5回繰り返し、的確な対策を決めることです。
そして最後は、決めた対策を確実に実行に移せば良いのです。
仕事の行動は「考動」が基本！

6　人づくりについて

店づくりは組織づくり！

店づくりは組織づくりです。
そして組織づくりは人づくりです。
この人づくり組織づくりが店を繁盛店へと導いてくれます。
言い換えれば、それは良いトレーニング、良いコミュニケーションのことです。
そして、良いモチベーションに裏付けされた人材育成のことです。
これが店のQ・S・Cレベルを決定します。
そのQ・S・Cが店の成長を約束してくれるのです。
店が繁盛するためには、そんな人づくり組織づくりが大切です。

繁盛店は人を育て組織をつくる！

トレーニングなくして戦力化なし！

長時間労働に休日出勤、それに、休憩もロクに取れない店があります。
そんな店の共通点は、仕事を教えない、仕事を任せない、という問題です。
当然、人は育たないし店の戦力にもなりません。
勿論、人も定着しませんから人も増えません。

仕事を教え、仕事を任せるから、人が育ち、店の戦力がアップするのです。
さらに、多能工化を図ることで飛躍的に生産性もアップします。
一人二役、一人三役をこなせるようになります。
これらによって、残業や休日出勤、それに休憩の問題も解決してゆきます。
仕事を教え任せてこそ問題解決！

良い仕事は必ず認める！

店の人が間違ったやり方をしていたら、間違っていることを伝えて下さい。
そして正しいやり方を親切丁寧に教えて下さい。
言わない、教えないから間違ったやり方を続けるのです。
少しでも出来るようになったら、その仕事を認めてあげて下さい。
良い仕事をした時には、それを認め褒めて下さい。
これは、モチベーションを与える上で最も重要なことです。
これによって、人は自分の価値を見出します。
そして次には、自らが進んで仕事を覚えようとします。
認めることで新たな成長！

教育のスタートは躾《しつけ》！

教育のスタートは躾です。
それは、身だしなみや挨拶、それに返事や言葉遣いです。
就業規則やハウスルールに対する教育も怠ってはなりません。
教育が店の運営上のベースになり、店のレベルを決めます。
躾という字は、身を美しくすると書きます。
つまり、躾が出来ていれば、健康な状態です。
逆に、躾が出来ていなければ、不健康な状態ということになります。
健康な状態を維持するには、自分が見本になることです。

店の躾レベルで全てが分かる！

人の定着が一番！

人が定着すれば、オペレーションが安定します。
そして、オペレーションが安定すれば、店は繁盛します。
しかし、人を定着させることが出来ない店が多くあります。
だからオペレーションが安定せず、売上も利益も伸びないのです。

一番の原因は、採用するだけで、ロクに教育もしないで放置しているからです。
これだから人が辞め、人が辞めるからオペレーションが安定しないのです。
そんな、人の対策の一番は、当たり前ですが教育訓練です。
正しく教えることが楽しく仕事をすることにつながり、定着につながります。
仕事を正しく教え定着を図る！

オペレーションの基本！

オペレーションの基本は、一つ一つの作業を正しく教えることです。
ここを正しく教えないから、Q・S・Cが向上しないのです。
これでは、いくら人を採用しても店の戦力アップにはつながりません。
そこで大切なのが、一つ一つの作業を確実に教えることです。
これによって、店の戦力は確実にアップします。ポイントは三つです。
1. 一つ一つの作業を正確に出来る状態にする。
2. その作業を素早く出来る状態にする。
3. その作業を丁寧に出来る状態に持ってゆくことです。
オペレーションは正確性、スピード、丁寧さ！

教え教えられることに一生懸命！

我々のような労働集約型の仕事は、一人ひとりの仕事の足し算で業績が決まります。
そこで大切なのが、全員がしっかりと仕事ができるようになることです。
それは、全員が仕事を教わることに一生懸命になること。
そして、全員が仕事を教えることに一生懸命になることです。
つまり、自分が出来る仕事についてはその仕事を教える。
そして、自分が出来ない仕事については教わることです。
これを全員トレーニー、全員トレーナー制度と言います。
繁盛店は、この教え教えられることに全員が一生懸命です。

仕事を覚えるから楽しくなる！

情報共有で学習！

競争に勝つための武器は、学習する能力です。
併せて、素早く行動に移す能力が武器になります。
これらの武器は、良いアイディアを共有することで生きてきます。
それは、共に学ぶということでもあります。

繁栄する企業には、そんな学習する文化があります。

その文化を築くには、情報の開示と共有が出来なくてはなりません。

特にクレームなどの情報は重要で、その解決までの行動も共有化が必要です。

悪い情報を隠すような企業では繁栄しません。


人材育成には情報共有が欠かせない！

もっと褒めることに力を！

人は認められたことによって自分の価値を見出し、さらに良い仕事をします。

このような欲求は普遍的なもので、その充足度によって人の仕事振りが変わります。

給与とインセンティブが重要なモチベーションであることは言うまでもないことです。

しかし、人にモチベーションを与える上で、最も重要なことは褒めることです。

良い仕事をした時には、それを認め必ず褒めるということです。

しかし、部下の欠点ばかり見つけ、叱責することに力を注いでいる人が実に多くいます。

これだから店の人が萎縮し、良い仕事をしないのです。

店の人に良い仕事をしてもらいたいのであれば、良い仕事を認め賞賛を与えることです。


褒めて人を育てることが基本！

会社の主要な資産は人！

会社の主要な資産は人です。
人づくりは会社の業績を高め、会社の成功を確実に保証するものです。
つまり会社の生命である人材と、将来を決定する収益は互いに関連しているのです。
成功を収めるには、人を採用することよりも、人を定着させることが大切です。
生産性の高い優秀な人材が絶えず育っている状態にすることです。
それでなくては、この時代を乗り切ることはできません。
それは、最後の戦《いくさ》は人の戦いだからです。
人が最終業績を作り上げるのです。
全ては人に始まり人に終わる！

人づくりも真剣勝負！

何事にも貪欲な姿勢は大切です。
それは、トコトンやる、徹底してやることを意味します。
出来るまでやり切ることです。
そんな態度や姿勢が新たな成長へとつながります。

人づくりも同じで、真剣勝負でなくてはなりません。
人づくりは、トコトン教える、徹底して教えることに尽きます。
これでようやく、人が育ち戦力がアップします。
人づくりを中途半端にするから、人が育たない、人が定着しないのです。
徹底した人づくりが繁盛店の道！

自尊心を高める！

誰でも自分自身を大切にしたいと思っています。
そして他の人から認められたいとも思っています。
これが自尊心で、人から認められた人は尊重されていると感じます。
そして、仕事に対する意欲が高くなります。
さらには、自分の責任を果たそうという自覚も出てきます。
何も難しく考える必要はありません。
毎日交わすあいさつや勤務に対する感謝の一言で十分です。
これが相手を認めることへのスタートです。
その一言で相手の自尊心が高まる！

敬意を込めた接し方で教育！

自分だったらこうしてもらいたいと思うやり方で接してください。
敬意を込めて接すれば、みんなも良いように接してくれます。
あなたの下で働いている人達は機械ではなく、あなたと同じ人間です。
共に何かを始めるには、まず相手のことをよく知ることです。
次に、具体的にやって欲しいことを相手に伝えることです。
その時、あなたが望む行動を積極的にアピールして下さい。
勿論、自らスマイル＆ハッスルで手本を示して下さい。
最後は、仕事ぶりを観察し、仕事の評価を忘れないことです。
優しく丁寧に教えることが基本！

モラルを高め人づくり！

みんなが楽しく仕事をするためには、モラルを高く維持しなくてはなりません。
モラルは、次の場合、最も高くなります。
自分の仕事を重要と感じているとき。
自分の仕事ぶりが認められていると感じるとき。

自分たちは公平に扱われていると感じるとき。
自分たちは人間らしく扱われていると感じるとき。
自分たちが店に貢献していると感じているとき等々です。
大切なことは、一人ひとりに注目し、励まし、仕事振りを評価することです。
全員店の一員であるという気持ちが大切！

教育の基本はQ・S・C！

言うまでもなく、Q・S・Cは、我々の仕事の基本です。
美味しいお料理、親切なおもてなし、そしてお掃除された店が基本です。
このQ・S・Cが高いレベルで維持されてこそ、お客様の事前期待にお応えできます。
つまり、期待以上であれば、お客様の満足を得ることが出来るということです。
そこで我々はQ・S・Cを教育のスタートにし、徹底した教育を行ないます。
さらには、このQ・S・Cを高めるために日々追加の教育を続けています。
これが、順調なビジネスが約束されることにつながることを知っているからです。
また日々Q・S・Cにこだわりを持って業務に当たっているのも、そのためです。
人づくりは基本をトコトン教える！

商売を教えて人づくり！

儲かってこそ商売、儲からない仕事は商売とは言いません。
だから、利益を本気で追求しない人は商売人ではありません。
また、異常な数値を放置する人、数字を全く見ないも商売人ではありません。
勿論、赤字でも平気な人は商売人としては論外です。
商売である以上、結果としての儲けを追求しなくてはなりません。
人づくりも、商売人としての基本素養と併せて損益は必ず教えなくてはなりません。
商売は数字だけの経営ではありませんが、数字抜きの経営でもありません。
お客様の満足と結果の数字が分かってこそ、商売人と言えます。
数字はお客様の満足と商売の結果！

働き方の基本を教える！

殆どの人は、仕事の量と成功のあいだに直接的な関係があると思っています。
つまり、たくさん働けば働くほど成功するという論理です。
確かに成功する人は一生懸命に働きます。
しかし、成功する人は行動する前にしっかり考えています。

先を見越して行動しているのです。
まずは考え、そして、次に行動を起こしています。
それはまた、場当たり的な打ち手にならないためでもあります。
賢明に働き、そして懸命に働けるようになるためです。

働く基本は考え行動！

企業理念を教える！

会社の成長発展のカギを握っているのは、まぎれもなく人・人・人です。
そしてその人とは、夢とロマンを持った人です。
さらに、そのことを仕事の使命として取り組んでいる人です。
仕事とは、社会発展に貢献するために存在するものです。
人づくりも、最初に企業理念や社是を徹底して教えなくてはなりません。
それが企業としての社会貢献であり、存在意義でもあります。
社会貢献という意思を働く全員が持ってこそ、大きな力が生まれます。
それは、働く人たちの仕事に対する熱い想いでもあります。

使命感と一体感の醸成が成長の原動力！

考動《こうどう》する人づくり！

一人ひとりが考動してこそ繁盛店になります。
それは、全員が考えながら動くということです。
それは決して、やらされ仕事ではありません。
勿論、上からの指示を待つ仕事でもありません。
人づくりも、この考動を教えなくてはなりません。
それは、我が店、我が仕事という観点からも言えることです。
つまり、自らが考え、自らが行動することで、お客様の満足を得るという流れです。
一人ひとりが能動的に考え、主体的な動きが出来るようになれば、繁盛店になります。

全員が考え動いてこそ繁盛！

チームとしての人づくり！

我々の仕事は、一人の百歩よりも、百人の一歩が大切です。
それは、全員の一歩の積み上げがお客様の満足につながるからです。
だから我々には、一人の天才など必要ないのです。
人づくりも、そんな一人ひとりに対しての教育が大切です。

それは、チームとして強くなるためでもあります。
全員が自分の責任と役割を自覚し、仕事に取り組むのです。
ワンチームとは、そんな一人ひとりが責任を果たせる状態です。
全員の自覚と自発性が成長発展へとつながります。
全員が責任を持ってこそ繁盛店！

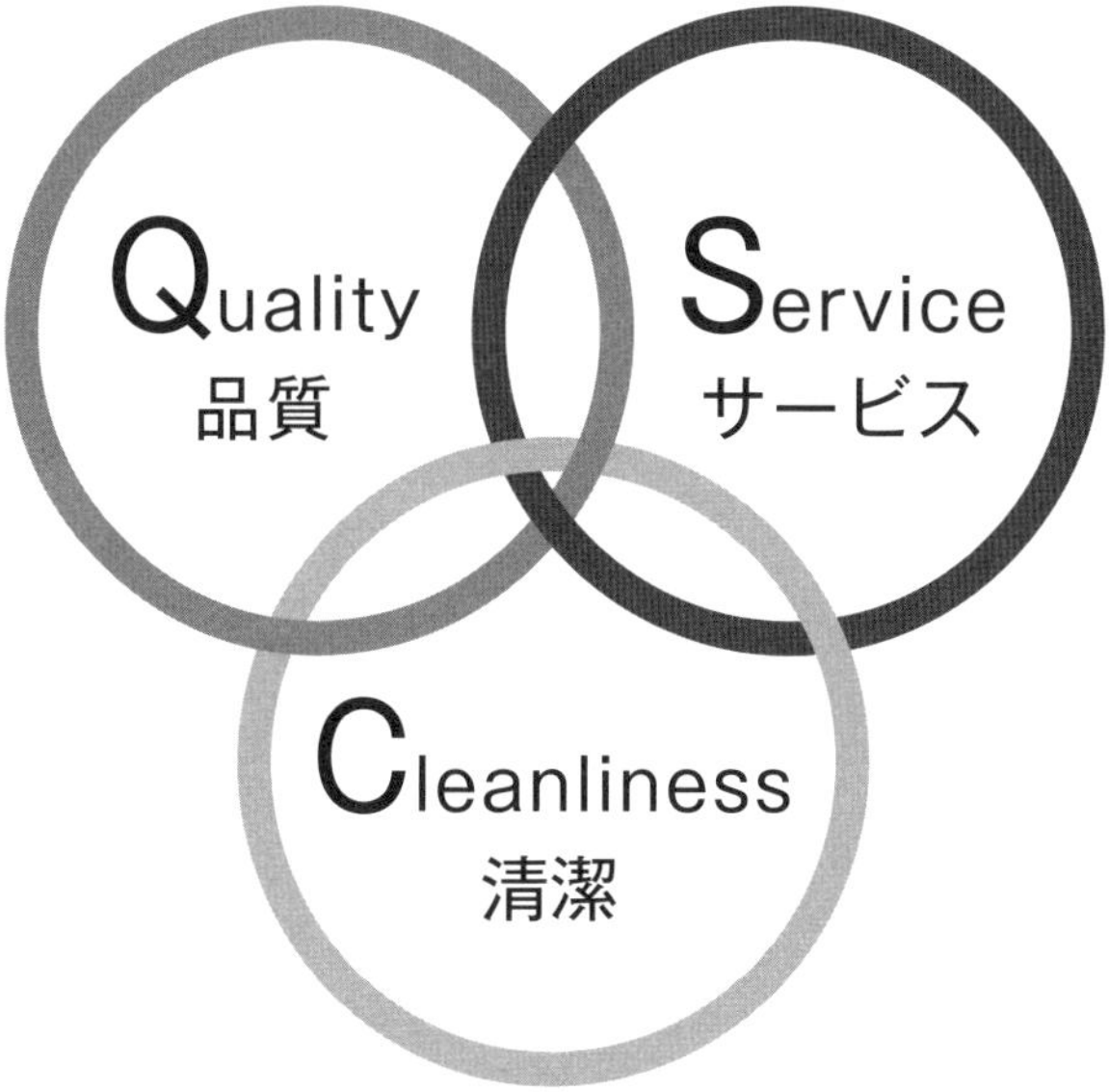

7 法則について

挨拶の法則！

元気な挨拶は、自分を元気にします。
元気な挨拶は、仲間を元気にします。
元気な挨拶は、お客様を元気にします。
挨拶一つで店が変わります。
挨拶一つで会社が変わります。
挨拶一つで学校もかわります。
挨拶一つで家庭も変わります。
挨拶一つで社会も変わります。
挨拶には大きな力があります！

笑顔の法則！

誰にでも辛い時はあります。
人なら当たり前のことです。
楽しいから笑顔になる、これも当たり前のことです。
しかし逆に、笑顔でいるから楽しくなるということも考えられます。

それは辛い時でも同じです。
暗い表情だと、よけいに辛くなり、辛いスパイラルに陥ります。
だから、いつでも笑顔でいることが大切です。
笑顔でひた向きな努力をすることが、必ず楽しいことにつながります。
笑顔でいるから明るくなるのです！

言葉の法則！

前向きな言葉は、前向きな姿勢をつくります。
前向きな言葉は、前向きな行動を生みます。
そして前向きな行動が新たな成果につながります。
逆に、後ろ向きな言葉は、後ろ向きな姿勢をつくります。
そして後ろ向きな言葉は、後ろ向きな行動につながります。
これだから業績が改善しないのです。
それは、言葉が心をつくるからです。
そして、心が行動に結びつくからです。
言葉には大きな力があります！

太陽の法則！

どんなに厳しくても、太陽が輝くような明るい未来が必ず来ます。
冬の次には必ず春が来ます。
また夜の次には朝が来ます。
その春や朝が来る前に諦めるから、未来が開かないのです。
だから、諦めてはなりません。
大きな夢と高い目標を掲げ続けなくてはなりません。
そして、確実に一歩ずつ前に進むことが大切です。
心に太陽を持つことが人生を豊かにしてくれます。
心の太陽が自分を強くしてくれます！

魅力の法則！

魅力とは、与えれば生まれます。
逆に求めれば、魅力は消えます。
我々の仕事も与える仕事です。
決して、自ら先に魅力を求める仕事ではありません。

すべては、与えることからスタートです。
元気を与える、笑顔を与える、
そして、食事を通じて幸せを与えることです。
そこから、あなた自身の魅力も生まれます。
与えてこそ魅力は生まれるのです！

元気の法則！

誰にでも、元気が出ない時や辛い時はあります。
それは、人なら当たり前のことです。
しかし、元気だから大きな声が出るのではありません。
大きな声を出すから元気になれると言われます。
すべては自分の気持ちの持ち方で決まります。
大きな声を出すことで自分に元気を与えて下さい。
そして、その元気をお客様と仲間に与えて下さい。
そんな元気の輪が店を繁盛店へと導いてくれます。
繁盛店には元気の輪があります！

奇跡の法則！

奇跡は起こるのではありません。
奇跡は起こすものです。
本気の想いを持つことで奇跡を起こすのです。
何事も本気で取り組むことです。
絶対に最後まで諦めないことです。
諦めなければ何度でも戦えます。
諦めないで戦い続ければよいのです。
そうすれば、必ず奇跡が起こります。
奇跡は自分の力で起こすものです！

輝く法則！

あなたが、あなたらしくいることが一番大切です。
自分を見失わないことです。
勿論、辛いことや苦しいことはあります。
これは何も特別なことではありません。

人間として生きていれば当たり前です。
しかし、自分を見失ってはいけません。
どんなに苦しくたって、あなたらしく生きることです。
そうすれば、輝く人生を歩むことが出来ます。
自分の人生を歩めば輝けます！

引き寄せの法則！

運を引き寄せる人には、次の三つの共通点あります。
1．常に前向きで、積極的であること！
2．常に粘り強く、最後まで諦めないこと！
3．常に明るく、そして元気なこと！この三つです。
運も実力の内という言葉がありますが、
運を掴む人は、素直で実行力のある人と言われています。
明るい姿勢で前向きな発言をする人もまた、運を掴める人です。
前向きな姿勢と、粘り強い努力が運を引き寄せるのです。
引き寄せには努力の裏付けがあります！

解釈の法則！

プラスの眼鏡をかけると、全てがプラスに観えます。
逆にマイナスの眼鏡をかけると、全てがマイナスに観えます。
この眼鏡によって取り組む姿勢が違ってきます。
どちらの眼鏡をかけるのかは、あなた次第です。
自分で選択すればよいのです。
すべては、ここから始まるのです。
出来ることなら、プラスの眼鏡をかけたいものです。
そして、何事も前向きに取り組みたいものです。
プラス思考が成果に結びつきます！

一言の法則！

その一言で、励まされます。
その一言で、本気になります。
その一言で、夢を持ちます。
その一言で、元気になります。

その一言で、腹も立ちます。
その一言で、泣かされることもあります。
ほんのわずかな一言です。
その一言が大きな力を持っています。
ほんのちょっとの一言が大切です！

夢が持てる法則！

一生一回の人生です。
夢を持ち、夢に挑戦です。
それは、夢を持ちたいと本気で思うことです。
そして、夢に向かって輝くことです。
さらに、夢に向かって本気で進むことです。
最後は、夢を絶対に諦めないことです。
自分の人生の主人公は、自分です。
夢は、その人生を輝かせるものです。
一生夢を持って生き抜くことが大切です。

8 コロナ禍について

コロナ禍！

コロナ禍で大変な状況が続いていると思います。
緊急事態宣言が解除されたと思ったら、今度は蔓延防止の発令です。
本当に次から次へと試練が与えられます。
頑張ってきた気持ちも限界に近づき、心が折れそうだと思います。
しかし、ここは踏ん張らなくてはなりません。
今しばらくは、辛抱しなくてはなりません。
ここを乗り切らない限り、次に進むことは出来ないのです。
乗り切ったところだけが、新たなステージで戦うことが出来ます。
トコトン辛抱することも必要！

コロナ禍でのリーダー！

緊急事態になればなるほど、リーダーとしての資質が問われます。
それは、緊急時にはリーダーの判断力がものを言うからです。
併せて、リーダーとしての実行力が人心の掌握につながります。
全員の心が一つになるということです。

今回のコロナの対応で、その辺がはっきりと出ていました。
今こそ、リーダーとしての判断力と実行力を発揮する時です。
そして、日々、今出来ることに情熱を傾けることです。
それは、毎日、毎時間、仲間を駆り立てることです。
チームを組め、そして対策を実行しろ！

コロナ禍後はニューノーマル！

アフターコロナの一番は、ニューノーマルな時代への対応です。
言葉の意味としては、ニュー（新しい）ノーマル（常態）です。
常態とは、平常の状態を指す言葉になります。
つまりニューノーマルとは「新しい常識・状況」といった意味になります。
飲食店でも、この新たな常態と新たな行動が必要になってきます。
その第一が、安全安心に関するお客様とのコミュニケーションです。
次に、SNS等での情報発信です。
最後は、飲食店同士の横のつながりです。
新たな時代への確実な対応が必要！

コロナ禍でも与える！

店には魅力が必要ですが、その魅力は自ら与えるものです。
逆に、求めれば魅力は生まれず、店は繁盛しません。
我々の仕事は与えることが基本の仕事です。
決して求める仕事ではありません。
これはこのコロナ禍の状況でも同じです。
そんな余裕なんかないと言いたいでしょう。
しかしお金を掛けなくても、出来ることは沢山あります。
元気を与える、笑顔を与える、親切なおもてなしをする等で十分です。
どんな状況でも与えることが仕事！

コロナ禍対策はウィズコロナ！

アフターコロナの前に、まずはウィズコロナの対策を徹底することです。
それは安全と安心を担保することです。
基本対策は、お客様への対策、従業員への対策、店への対策です。
全ては、お客様に安心してご利用頂くためです。

そこで必要になるのが感染防止策です。
基本は食品衛生法を遵守し、衛生的な取り扱いを徹底することです。
その他、食品の衛生管理、店舗の清掃、従業員の健康チェックは必須です。
安全安心を担保してこそ、お客様に安心してご利用いただけます。
安全安心を担保してこそ店！

アフターコロナでV字回復！

厳しい時代だからこそ、大きく変わることが出来ます。
それは、全てをゼロベースで見直す絶好のチャンスということです。
その一番がトップラインの売上再構築です。
今までのメニューでは、売上も利益もつくることはできません。
消費の変化に合わせて、今一度しっかり作り込む必要があります。
その他にも、日々の営業の見直しも必要です。
そこには、旧態依然とした仕事のやり方がまだまだ多く残っています。
全ては、アフターコロナに向けたV字回復のベースづくりです。
まずはV字回復に向けた土台づくり！

コロナ禍の時こそ気持ちを強く！

コロナ禍で大変な毎日が続いていると思います。
時には投げ出したり、やめたい気持ちになることもあると思います。
これは、ごくごく普通のことです。
しかし、実際に投げ出したり、やめるのは別の問題です。
ここは気持ちを強く持って、毎日を辛抱強くやっていくことです。
それもトコトン辛抱しなくてはなりません。
辛抱一つできなくて、難局を乗り切ることなど出来ません。
辛抱すれば、やがて道が開けます。
辛抱すれば必ず道が開ける！

コロナ禍も基本の徹底と変化への対応！

我々の仕事には、常に基本の徹底と変化への対応が求められます。
今までにも、経済面ではバブル経済の崩壊やリーマンショックがありました。
また災害では、阪神淡路大震災や東日本大震災、それに西日本豪雨等がありました。
感染症でも、Ｏ１５７にＢＳＥ、それに新型インフルエンザ等がありました。

その度に大きなダメージを受けてきました。
いつも思うことは、大変だと嘆いたところで解決しないということです。
大切なことは今やるべきことを整理し、具体的に行動することです。
そして必要に応じて、対策の修正と対策の追加を打つことです。
変化への対応がこの難局を乗り切る！

コロナ禍で迷ったら！

コロナ禍の影響で、上手くいかないことばかりでしょう。
だからといって、場当たり的に行動しても、結果は良くなりません。
あれもこれもと手を付けても、中途半端に終わるだけです。
それらは、すべてゴミでしかありません。
また、儲けることばかり考えても上手くいきません。
こんな時は、今一度基本に立ち返ることが必要です。
それは、お客様にとっての満足を考えることです。
そして、そのことをトコトン考えて実行することです。
基本に立ち返ってこそ突破口！

コロナ禍後は価値の創造！

外食業界は、業種や業態が多岐にわたり存在しています。
様々なメニューを出している店が全国に存在しています。
また、独特のサービスを展開している店も多数あります。
個性や独自性も多彩になり、人気店や繁盛店を生んでいます。
それが、今回のコロナ禍の感染拡大によって市場は一変しました。
その変化に対応し、アフターコロナ対策を構築しなければなりません。
新たな価値を創造し、その価値を提供するのです。
それが商売繁盛、繁盛発展につながります。
商売繁盛は常に新たな価値の創造！

コロナ禍は心に注意を！

緊急事態宣言が解除された時は、ほっとした気持ちでしょう。
しかし完全に収束した訳ではありません。
油断すると、次の大きな感染に襲われます。
ここは今一度、気を引き締めなくてはなりません。

それは、心して注意することです。
備えあれば憂いなしです。
まずは、基本対策を絶対に忘れないことです。
それは、安全と安心を担保出来る店にすることです。
四六時中引き締めてこそ繁盛店！

コロナ禍でも急がば回れ！

コロナの影響で、売上も利益も厳しい状態が続いていると思います。
しかし、何も考えないで行動しても成果は出ません。
こういう時こそ、思慮深く考え、そして行動しなくてはなりません。
大変な時こそ、あまり急がないことです。
多少時間がかかっても、落ち着いて行動しなくてはなりません。
確実な方法で成果を積み上げるのが結果、早道です。
急がば回れとは、そういった状況の対処法を教えてくれる言葉なのです。
あせらず、ゆっくりと、そして確実に成果を積み上げることです。
厳しい時のあせりは禁物！

コロナ禍の今こそ後ろ姿！

コロナ禍の今こそ、店長の後ろ姿が店の業績を決めます。
それは、店長の仕事に対する姿勢が店に勢いを付けるからです。
店長のやる気で、結果の業績が大きく違ってくるからです。
そのやる気の一つが、売上に対する執着心です。
そして今一つが、儲けに対する貪欲な姿勢です。
この売上と儲けに対する姿勢が緊急時には、はっきりと出ます。
コロナ禍の今こそ、まずは自分のやる気を高めなくてはなりません。
そして、結果を変えることにトコトンこだわった仕事をすることです。
緊急時こそ結果にこだわる！

コロナ禍でもトレーニング！

大変な状況が続くと、本来の仕事にもなかなか手がつかない状況になります。
中でも人のトレーニングが疎かになってしまいます。
今はそれどころではない、と言いたいかもしれません。
しかしトレーニングしない限り、この難局を突破出来ません。

難局を突破するための追加トレーニングが必要なのです。
具体的には、仕込みの変更、一人二役の多能工の育成といった取り組みです。
変わらない店は、このことが出来ないのです。
だから、生産性も収益性も改善なく問題が放置されるのです。
追加トレーニングが解決策！

コロナ禍での突破口！

コロナ禍での最も大切な姿勢は、強い執念と勇気で取り組むことです。
それは、何としてもこの厳しさを突破するのだという気構えです。
そして、この厳しさを成長へと変える烈々たる気迫です。
それに加えて、一つ一つ成果を上げることを忘れてはなりません。
成功体験の積み上げが、難局を打破する突破口につながります。
そのためにも、習慣、慣行、常識を打ち破ることです。
今こそ、店を変えるチャンスです。
新たなことに挑戦するのです。
今こそ毎日が挑戦の連続！

コロナ禍でも戦い続ける！

コロナ禍の影響で、まだまだ厳しい店も多いと思います。
本当に心配事ばかりで、心が折れそうな日々だと思います。
しかし諦めたら、その時点で戦いは終わります。
諦めなければ、何度でも戦えます。
戦い続けるためには、何事も粘り強くやることです。
それは、目の前の壁を突破することでもあります。
そして、この壁を突破することに一生懸命に励むことです。
今回のコロナの壁は、高く長い戦いです。

諦めたら戦いは終わり！

コロナ禍でも元気と笑顔を！

東京ディズニーランドが約4カ月ぶりに再オープンしました。（※2020年7月時点）
テレビを見ていると、従業員もゲストも全員笑顔で楽しそうです。
そこに最高のホスピタリティーを感じます。
しかし街中では、コロナ禍で元気も笑顔も少なくなっています。

勿論、大きな声で挨拶を交わすことはできません。
しかし、そこに笑顔と、小声でもいいから、挨拶があれば十分です。
笑顔と挨拶は、人を楽しく元気にします。
そんな笑顔と挨拶を発信できる店になって下さい。

元気と笑顔で社会貢献！

コロナ禍でも大いなる情熱！

コロナ禍でも、店は我々の大いなる情熱です。
この難局を乗り切るには、大いなる情熱がなければなりません。
自分の仕事に活き活きとした情熱を抱いて、乗り切るのです。
この情熱があれば、店の人たちとの間にコミュニケーションが生まれます。
そして全員の衆知が結集され、この難局の突破口につながります。
情熱のないところに、良い仕事は生まれません。
情熱と熱意が、働くみんなの心の豊かさとなるのです。
「こうなりたい、こうしたい」という目標を持つで、情熱を醸成して下さい。

大いなる情熱が未来を決定する！

病気になって新たな人生

肺腺癌ステージ４の告知を受け、同時に「残念ながら、手術も放射線治療も難しく、根治させることは出来ません。私たちが出来るのは、五十嵐さんが一日でも長く、一日でも元気に過ごせるようにすることです。そのための抗癌剤治療を始めます」というお話でした。

ある意味残酷な話ですが、本人に告知がされることは、振り返るとありがたく思えます。

それでも「これで私の人生は終わった。あと半年か一年か分からないけど、残りの人生を好きに生きよう」と思いました。その後、全ての仕事もやめ、新聞や本を読むのもやめ、日々のウォーキングもやめてしまいました。好きなことをすると言いながら、何かをするわけでもなく「どん底の人生、余命地獄」と、ただただ落ち込んだ日々を送っていました。

そんな日々が三カ月〜六カ月と経つ中で、入院中に主治医の秦先生をはじめ、部長の岡安先生からいろいろなお話を聞くことが出来ました。また、友達のお母さんが同じ肺腺癌ステージ４で闘っている話などを聞くうちに「何をやっているんだ！ お前の人生それでいいのか！ 一生一回だぞ！ 悔いは残らないのか！」と自分自身に何度も、何度も問い続けました。確かにある意味制約された残りの人生です。それが半年か一年、もしかしたら三年か五年かもしれません。その時思ったことが「人生何年生きたかではなく、人生どう生きたか」ということでした。これでようやく、地獄の思いから新たな人生の第一歩を踏み出すことが出来ました。

私が出した答えは、治療するために生きるのではなく、生きるために治療しようということと、日々を穏やかに過ごすことです。それはストレスを自分に与えないことです。

こうして新たな人生をスタートさせました。それは残りの人生の三分の一を治療に当て、そして三分の一を直接的であれ間接的であれ現役としての仕事に当て、最後の三分の一を、プライベートな時間に当てるようにしました。病気の前は、私の人生は99％が仕事でした。それも毎日朝七時半には出社し、帰りは夜十一時ごろです。休みは年に三日程度でしたが、無我夢中で楽しい人生を送ることが出来たと心底思っています。

今回病気になり、制約された残りの人生ですが、それが逆に、メリハリのある新たな人生を始めることが出来ました。

治療は一生付き合っていきますが、今は人生の負担になることはありません。

仕事は、大変ありがたいことに、私が独立したときの最初のお客様で、北海道帯広の百年企業、藤森商会様が今の状況をご理解して下さり、その上でお仕事をさせて頂いております。その他は、このエッセイを含めてブログにメールマガジンなどの発刊を続けています。

最後が、三分の一のプライベートな時間です。一番苦手なことなので、やりたいこと、やるべきこと、これらを書き出してみました。(ここでは終活に関することは省きます)まずは趣味を持つことです。私が選んだのは、絵はがきを四季折々に百通程度出すことです。次に家内との時間を取ることです。当たり前かもしれませんが、一緒に食事をすること、一緒に散歩をすること、そして一緒に旅行に出掛けることです。

そして残った時間は、生涯学習に当てることにしました。

まずは、しっかりと新聞を読むこと、本は月に二冊から三冊は読むことにしました。あまり欲張っても途中で挫折するので、今回は人生の三つの時間割と、やりたいことを具体的に整理し、自分との約束(自分の人生を全うすること)、これに集中しています。

今は毎日が大変忙しく、今までの人生の中で一番充実した時間を送っています。

感謝!

あとがき

あとがき

私の仕事人生は、多くの店との出会いと、多くの人との出会いから始まりました。

そこから、新たな学びと新たな気付きを得ることができました。

そんな私の人生は、全てが学びの人生でした。

今の自分があるのは、そんな店と人との出会いのお陰です。

勿論、大変なことはありましたが、仕事に夢中になり楽しい人生を頂きました。

何事も一生懸命に夢中になることは大切です。

勉強も一生懸命、遊びも一生懸命、恋愛も一生懸命、そして仕事も一生懸命です。

私の学生時代は、残念ながら勉強には全く夢中になることは出来ませんでした。

その分音楽に夢中になり、一年間３６５日朝から晩まで一生懸命になりました。

社会に出て、店と人との出会いから多くの学びと多くの気付きを得て、学習する大切さや自分の仕事として取り組む大切さ等々を学びました。

仕事はしなくてはいけないもの、遊びはしたくてするもの、本当にそうでしょうか？

その境界線がなく、遊びも仕事もしたくてするものになれば、一生一回の人生を無我夢中に悔いなく生き抜くことができるのではないでしょうか。

私は、そんな無我夢中になれる仕事と時間を頂きました。

あとがき

本当に伝えきれない感謝で一杯です。
最後に、今回の出版に当たり多くの方の協力を頂きましたことに感謝申し上げます。
ありがとうございました。

五十嵐茂樹（２０２１年春）

証言集

ビジネス交流者らとのエピソード

ビジネス交流のある「証言者」の一人として

宿屋大学　代表　近藤寛和
https://yadoyadaigaku.com/

凡事徹底

私ども宿屋大学は、全国の行政やホテル企業から依頼を受けて研修を提供していますが、料飲ビジネスやレストランオペレーションの研修の際は、必ず五十嵐先生に講師を依頼しておりました。先生とはそうした研修の旅を何度かご一緒させていただきました。

私の脳裏に強烈に残っているシーンがあります。

教室に30人ほどの研修生が集います。私が冒頭に趣旨説明と講師紹介をしたあと、五十嵐先生がマイクを持ちます。次の瞬間、先生はこう発します。びっくりするくらいの大きな声で。

「おはようございます！」

研修生の声が小さいと「元気ないですねえ、もう一度行きましょう、おはようございます！」となります。そして、教室の空気が一瞬でピリッとなり、全員に気合のスイッチが入るのです。

これは、五十嵐先生がレストランの現場で毎日行なっていた朝礼の再現のようでした。

繁盛レストランの条件には、美味しい料理を提供すること、顧客ニーズに応えること、ホールや厨房の衛生管理を徹底すること、接客やオペレーションの質を高めること、そのためにスタッフを育成することなど様々あります。私も研修を通して、それらを先生から丁寧に教えていただきましたが、共通する哲学は「凡事徹底」、当たり前のことほど心を込めてしっかり行なうことが大事という教えだったと思います。

私が大好きなレストランチェーンに、北海道・十勝で展開されている大繁盛カレー店「インデアンカレー」があります。五十嵐先生が長年業務支援されていた外食チェーンです。私は十勝に行くと必ず数回立ち寄りますが、ここの美味しいカレーを噛みしめながらいつも五十嵐先生のことを思い出すのです。先生とご一緒させていただいた仕事を回想するのです。そして、「先生と一度は十勝でこの味をご一緒するという約束を果せなかったこと」をいつも悔しく思います。

五十嵐先生、「凡事徹底」をしっかり感じる「インデアンカレー」、今年もまた行こうと思います。そしていつまでも先生を、先生の教えを忘れないでいようと思います。そして、ホテル・レストラン業界に伝え続けていこうと思います。感謝を込めて…。

証言集①
ビジネス交流者らとのエピソード

五十嵐先生との仕事が私の宝物

◆藤森裕康
（株式会社藤森商会会長）

人生において、人との出会いほど大切なものはありません。五十嵐先生との知遇を得て、本当にそう思いました。

先生は、私が仕事で何か迷っていると、いつも親身になって、自分ごとのように考えてくださいましたね。そして、問題を見事に解決するのを見て、こちらは感心するばかりでした。病を押してたびたびお越しくださったこともありましたが、つくづく、先生の体は責任感でできているのだなと思ったものです。

具体的にお話ししたいこともたくさんありますが、ここには収まりきれないでしょう。

ただ一つ、先生の教えを挙げるとすれば、「正々堂々と向き合いなさい」ということになるでしょうか。と言いますのも、弊社は北海道にあり、先生をすぐお呼びして相談することができません。ですから、困難に直面したときは、いつもこの姿勢で対処しました。これで何度救われたか、わかりません。

もう一つだけ、言わせてください。長きにわたってご指導を受けて思いましたのは、先生は嘘偽りのない真実の人だということです。裏を返せば、信頼できる人だからこそ、長いお付き合いができたのですね。

先生と一緒に仕事ができた思い出は、まさに私の宝物となって、いまも光り輝いています。

「盟友との心の交流」消すことのできない携帯番号

◆宇井義行
（株式会社コロンブスのたまご
代表取締役）

確か2002〜3年頃のことだったでしょうか。五十嵐さんが弊社に挨拶に来てくださったのです。タパス&タパス（ジャパンフードシステムズ）の社長に就任する前のことで、コンサルタントとして独立して活動しますというお話でした。私は個人経営の飲食店を対象にしたコンサルタント、一方、五十嵐さんはチェーン経営の外食産業を対象にしたコンサルタント、ということで、立場は全く違っていましたが、わざわざお越しくださったのですね。

でも、間もなく、また社長業に復帰するということを聞き、いやあ、大変なことだなあと思ったものです。子飼いの社員が一人もいない会社へ、単身乗り込んでいくわけですから。業績をV字回復させるためには厳しいことも言わなければなりません。言わば孤独な戦いです。性格が明るくて、人格者の五十嵐さんだからこそ、できるのだと思いましたよ。

それからしばらく経った2016年のことでした。五十嵐さんが「再びコンサルタントとして活動することにしました」ということで、お見えになりました。正直言って、ちょっと驚きました。

その数年後、さらに驚くことがありました。「肺癌になってしまいました。余命五年の宣告を受けました」と言うのです。「えっ？ 肺癌？」と思わず聞き返しました。

「ええ、ほかに転移していないので、余命5年だそうです。ですから、残りの寿命を三分の一ずつに分け、一つは妻のために、二つ目は治療に励んで寿命を延ばすために、残りの一つは仕事のために時間を使おうと考えているんですよ」五十嵐さんがこう言いました。

私も即座に「大賛成です。それはいいじゃないですか」と、励ましの言葉をかけたくらいです。

それからは、五十嵐さんと一緒に何かできないか、話し合いました。口幅《くちはば》ったい言い方になりますが、私は教育という分野で五十嵐さんを輝かせたい、そのためにはどういう舞台をつくればいいか、といったようなことを考えていました。

なぜかって？　それは、五十嵐さんのお気持ちが手に取るようにわかるからでした。飲食業は技術じゃない、心の持ち方だという精神です。私も全く同じ考え方でした。五十嵐さんはチェーン企業、私は個店、と見る方向は違っても、立っている土俵は同じなのですね。ですから、五十嵐さんは同志であり、盟友でした。

私は大学を卒業すると、カレー・ショップを経営し、6店舗に増やした後、26歳でコンサルタント業を始めました。それから46年経ちましたが、その間、様々な流行が生まれては消えていきました。多くの新業態店も出現しては消えていきました。そうした動きを見てきてつくづく思うのは、「飲食業は愛だ」ということなのです。

飲食業はサービス業、サービス業は「愛の提供業」ということなのですね。五十嵐さんもまた、同様な考え方をお持ちで、「飲食業は愛がないとできないもの」とおっしゃっていました。ですから、教育者として活躍していただきたいと思っていました。

ところが、その企画を二人で練り始めると、五十嵐さんの体調が入院しなければならないほど悪くなりました。それで、お見舞いに行くと、何か書き物をしているではないですか。聞けば、本にまとめるための原稿を書いていたということなのですね。どこまでも仕事一筋の人で、仕事が趣味のような人だなぁと感心したものです。

ふと、これからの飲食業はどこへ向かうのかと考えることがあります。お客様はいま何を求めているのか――コロナ禍も経験して、以前にも増して、将来が見通せない予測不可能の時代に入ってきた気がします。

私は、朝な夕なに、欠かさず五十嵐さんの霊に拝んでいるのですが、もしかしたら、この問いの答えを、五十嵐さんなら教えてくださるのではないかと思っているからかもしれません。

というのも、いつまでも五十嵐さんとつながっていたくて、五十嵐さんの携帯番号を消すことができないからです。これからも消すことはないでしょう。いつか五十嵐さんから電話がかかってきて、これからの飲食業はね……と教えてくださるような気がしてならないのです。

酒を一緒に酌み交わした中で得た「未来」

有賀勇一
（株式会社理想実業・人材開発部長）

五十嵐さんがコロワイド東日本の社長を務めておられた２０１０年から7年間、私は北海道・関東・関西地区の本部長を務めていました。ですから、直属の部下ということになりますね。

その間、業績のいいときも悪いときも、五十嵐さんはいつもプラス思考で勇気をくださいました。とにかく、いつでも、どこでも、どんなときでも元気溢れる方で、お話を伺っているうちに、その元気が自分にも知らず知らずにうつったものです。

いや、精神的なものばかりではありません。数値目標においても、状態目標においても、その成果に対する執着心もたいへん強い方でした。当たり前の話ですが、それでなければ、社長が務まらないわけで、いま思うと、私を励ましながら目標数値達成を目指した、ということになるのでしょうね。

楽しみは、月に一度お見えになる北海道、関西への出張で、ご一緒に酒を酌み交わすことでした。未来を語り合うときの、人間味の深い五十嵐さんの語り口は、いまもはっきりと思い出すことができます。私の未来も、五十嵐さんの言葉で切り開かれたと言えますね。

お亡くなりになる直前、ご自宅にお招きくださり、そこでも激励の言葉を頂戴しました。私の人生は、五十嵐さんの言葉で形づくられたのだと感謝しています。

証言集④
ビジネス交流者らとのエピソード

「お客様は来ないと思え」と言った五十嵐さん、でも、どこまでも優しかった

池田博祥（飲食店経営者）

自慢話を一つ、お話ししましょう。

五十嵐さんが立ち上げた社内研修に「コロワイド・アカデミー」というものがありましたが、その後の親睦会で、酒に酔った私は、五十嵐さんにこう言ったんですね。

「社長、夫婦円満の秘訣って、わかりますか？　それは『ありがとう』と『ごめんなさい』、そして『愛している』をきちんと口に出して伝えることですよ」

すると、五十嵐さんは、微笑みながらこう答えました。

「最初の二つは言うけど、最後のはなかなか言えないなぁ」

横にいた当時の部長から「池ちゃん、相手は社長だからね」と、笑いながらたしなめられましたけど、五十嵐さんに面と向かってこんなことを言ったのは、自分一人じゃないかなあ。

実は、これが私の自慢なのです。若造の言葉を優しく受け止めてくれた五十嵐さんのふところの深さをじかに感じることができたからです。

五十嵐さんがコロワイド東日本の社長を務めておられたとき、私は一店舗の店長でした。自分で言うのもおかしなことですが、可愛がられた印象を持っています。

そんな恵まれた環境にあっても、私は退職を決めてしまいました。それを会社に伝えると、ひと月ほどして、五十嵐さんが私の勤めていた店舗に来てくださったのです。そして「池田君、元気にやっているか？　ちゃんと休みは取れているか？　困っていることはないか？」と、温かい声で聞いてくださいました。

私は、退職という申し訳なさから、うつむいて「大丈夫です」と答えるだけでした。もうすぐ辞めてしまう私ごときに、大会社の社長がわざわざ訪ねてきてくださった、それだけでも感謝の念で胸がいっぱ

いになったものです。

現在、私は飲食店を経営し、店長も務めていますが、いまだに五十嵐さんの言葉が頭から離れません。その一つが「お客様は来ないと思え」という強烈な言葉です。私はそれを「お客様がいらっしゃるのは当たり前ではない。感謝の気持ちを忘れるな」と理解していますが、間違いじゃないですよね？ 飲食店の経営を見極めた五十嵐さんだからこその教えとして、この言葉を胸に刻んで日々の仕事に勤しんでいます。

証言集⑤
ビジネス交流者らとのエピソード

約束の一時間前には必ずカフェに入って綿密な準備を

伊東あづさ

五十嵐さんと言えば、あの笑顔を思い浮かべます。「一生に一回の人生ですよ」とおっしゃるときのあの笑顔——重みのある言葉を実にサラッと口にするのが五十嵐さんなんですよね。

ロイヤル時代の先輩が五十嵐さんを紹介してくださったことがきっかけで、ご縁が始まりました。IMS（五十嵐マネジメントサポート）に入社し、研修の仕事、レストランの運営やオープニングのお手伝いを経験しました。

その後、ジャパンフードシステムズに移り、秘書や採用・教育などの人事業務などに携わりましたが、そちらでも五十嵐さんのお世話になりました。

五十嵐さんについて、もう一つ、印象深いことがあります。

お客様先へのアポイントでは、必ず約束の一時間前には最寄りのカフェで待機されていました。その日にお会いになる企業様やご担当者様との打ち合わせについて、かなり時間をかけて準備されていましたが、その一環で、念には念を入れて綿密に確認されていたのでしょうね。真摯な五十嵐さんらしいお仕事ぶりでした。その姿勢に、お客様に対してのホスピタリティーすら感じていました。

現在、私は企業のメンタルヘルス対策支援などに携わっていますが、それも五十嵐さんのお陰だと思っています。

五十嵐さんは、外食業界に限らず、政治や経済など広く学び続けなさい、と職業人としての心構えを教えてくださったのです。それで、私はその教えを実行し、思い切って他業界・他業種に飛び込むことができました。

いまの私があるのは、五十嵐さんの教えがあればこそ、です。

証言集⑥
ビジネス交流者らとのエピソード

互いにないものを埋め合って築いた絆

大西武彦
（ブルームクリニック顧問）

最初の思い出は、ロイヤル在籍時代、五十嵐さんが西新井大師店の店長、私が滝野川店の店長のときのことですね。クリスマスケーキを売って、アメリカ研修に行こうじゃないかと話し合い、競い合ったことがありました。その結果、彼の店が１５００個、私の店が１２００個でした。頑張った甲斐あって、都内店舗で上位5位以内に入り、二人とも晴れてアメリカ研修を経験することができました。

その内容は当初、何だか期待したものと違うなあという印象だったんですよ。マックやインナーアウト、デニーズ、ビッグボーイといった日本でも見られるチェーン店舗を回り、夜は夜で、競争状態や客層、QSCの評価を遅くまで議論するという、息詰まる研修でした。ようやく最終日になって、まだ日本に進出していなかったロウリーズで美味しいローストビーフを味わうことができ、感動したものです。

さて、この研修後の１９８４年4月、二人は同時にエリア・マネジャーに昇格しましたが、仕事の進め方などがよくわからず、一週間で行き詰ってしまいました。でも、幸運でしたね。五十嵐さんが隣のエリア・マネジャーで、五十嵐さんから声がかかって、合同のエリア会議、共通の読書、そして仕事の進め方を共有するようになりました。

ただ残念なことに、五十嵐さんが半年ほどで九州に転勤してしまったのです。その後、私が先にロイヤルを退職するまで、仕事上の接点は生まれませんでした。

それでも、二回目のアメリカ研修には、二人一緒に参加できました。だけど、内容は以前とまるで違っていました。ライフスタイルをリードするレストランを回るといった、毎日が〝ロウリーズ状態〟になりまして、五十嵐さんは問題意識を持って、「こんなぬるい研修でいいの？」と言ってきたことがありました。相変わらず、真摯な姿勢でしたね。

改めて振り返ると、長いお付き合いでした。そうなったのも、同世代で、上司部下の関係にならなかったからでしょうね。互いにないものを埋め合うような、短所長所を補い合うような関係であったからこそ、絆が築けたのだと思います。

二人ともコンサルタントなってからは、公私ともに、さらに深くお付き合いするようになりました。五十嵐さんが成長する過程を間近に見ることができたのは、私にとって大きな幸せでしたね。さらに言えば、彼の経験や知見が外食産業で働く者に生かされていけば、これ以上の幸せはありません。

X作戦・Y作戦・Z作戦を遂行した鬼軍曹

岡本 裕
（パワーリエゾン株式会社を経営）

君が亡くなるまでの約40年間、日本の外食産業について、よく語り合ったね。五十嵐さんの気分が落ち込んだときは、昼飲みに付き合ってあげたこと、覚えていますか。

それから、もちろん、あのときのことも覚えていますよね。いや、決して忘れられないでしょう。五十嵐さんがロイヤルの教育部長のときに取り組んだX作戦、Y作戦、そしてZ作戦。何だか戦争の話みたいだけど……、うん、確かに戦争だ、五十嵐さんは部下から見たら、鬼軍曹のように思われていたわけだから（笑）。

当時、ロイヤルホストでは改革が進められていて、五十嵐さんが先頭に立ってまとめた店長教育マニュアルの冒頭には、確か「X作戦 それは 21世紀への挑戦である」と書いてあって、その熱意が伝わってきたものです。

各部門の協力があったとしても、誰もが、改革を成功させようとする五十嵐さんの熱気や奮闘ぶりを肌で感じていたことでしょう。同僚の私から見たら、ちょっと殺気立っているように思ったけれど、それも作戦を遂行するための頑張りでしたね。スタッフたちも、厳しい要求を突きつけられても不平不満一つ言わず（いや、言った人もいたかな）、鬼軍曹の指導にしたがって立派な戦士に育っていきました。こちらは頭が下がりましたよ。

五十嵐さんがロイヤルを退職した後も、よく酒を酌み交わしましたね。

そうそう、ちょっと厳しいときがあったでしょ？飲食企業の再生に取り組んでいたとき、会うたびに顔色が悪くなっていって……かなりの重圧を受けて、疲労が溜まっているんだなあ、と心配したときがありました。非常に案じていましたよ。

でも、その企業から離れると、顔色がすっかり変わっていました。薄いピンク色に輝いていて、ホッとしたというか、嬉しかったなぁ。


いま私は、外食専門の人材紹介、事業譲渡、M&Aなどに携わっています。

これも酒の席上でのことだけど、五十嵐さんとはこれからの人生についても話し合って、……で、二人とも結局、外食業界にどっぷり浸かって……幸せな人生だったよね。

それでも、五十嵐さんには、やり残した仕事もあり、次世代に伝えたかったこともまだおありだったでしょう。もう語り合えなくなったことも至極残念だけど、どうか安らかにお眠りください。

あっ、そうだ、最後の最後まで「自分はこうしたい」って、いろいろと資料を送ってくださいましたね。いつか自分の仕事に役立てられたらいいなって、思っていますよ。

証言集⑧
ビジネス交流者らとのエピソード

「ババッと行って、ババッと！」

小川由美
（旧姓・五十嵐／地方自治体の宿泊施設運営）

「うちの奥さんと一文字違いだ！」

ん？えっ？なんのこと？面接官の方にいきなりこう言われて、戸惑うやら、驚くやら、でした（笑）。

当時、私は大学一年生。１９８３年の冬、ロイヤルホスト本木店（東京都足立区）が開業するというので、アルバイトに応募したわけです。

面接官の方、もうおわかりの人もいますよね、そう、店長の五十嵐さんでした。奥様のお名前が由美子さん。それで先の言葉が思わず口を突いて出てきたんですね。

で、そう言う五十嵐さんの飾り気のない笑顔に、こっちもすっかり緊張感が解けてしまいまして、これからが楽しみだなって思ったものです。

実際、その通りになりました。五十嵐店長はいつもキビキビとしていて、そんな店長の下で働くのが楽しくてしようがありませんでした。

「ババッと行って、ババッと！」って、いつも言っていましたね。そんな雰囲気ですから、こちらもそれにつられて、仲間内でもバッシング（片づけ）を急がせる掛け声を真似したり、「シゲキ（茂樹）がほしい～」ってお名前をいじってみたり、「いがてん」の愛称で呼び合ったりしていました（笑）。厳しさの中にも優しさのある店長だからこそ、チームワークのいい職場が出来上がっていたのですね。

五十嵐さんからは、仕事としてではなく、人としての大切な基本を教わりました。もっとも、それに気がつくのは、大人になって社会人として経験を積んでからなんですけど。あぁ、あのとき注意されたのは、こういうことだったんだ、って。

やがて、五十嵐さんがエリアマネジャーに昇格する日がやって来ます。お会いする機会が減ってしました。
い、こちらは残念に思っていたのですが、運良くお会いできると、「おう、元気?」と、人懐っこい笑顔で声をかけてくださり、不思議と元気が出たものでした。

私は、1990年から93年まで単身カナダに渡って仕事をし、帰国後、結婚して遠方に住むことになるなど、ロイヤルホストの職場を離れましたが、それでも、五十嵐さんとは、学校の恩師に優る長いご縁が続きました。

だからでしょうか、人生の後半期に入ったいま、五十嵐さんの存在がより大きくなってきたような気がしています。「一生、一度きり」とも言っていた五十嵐さんのこの簡明で、でも、とても深い言葉を思い返しながら、残りの時間の使い方を夫とよく話します。

そして、何かに迷ったとき、店長ならどうするかな、どんな言葉をかけてくれるかな、という思いに浸り……、ふと気がつくと、あの言葉をつぶやいている自分がいるんですよ、「ババッと行って、ババッと!」って……。

証言集⑨
ビジネス交流者らとのエピソード

どんなに若い部下でも「さん」付けで呼ぶ、先進的だった五十嵐さん

桂川英明
（コロナ対策・派遣業務）

１９９５年か96年頃と記憶は曖昧なのですが、びっくりドンキーの店長を務めていたとき、五十嵐さんが統括リーダーに就任されてご指導を受けるようになりました。

そのとき、驚いたことが一つありました。五十嵐さんは、どんなに若い部下でも呼び捨てにせず、「さん」付けで名前を呼ばれていたのです。

最近になって、そのような傾向が見られるようになりましたが、30年も前のこと、少なくとも自分の周囲にはそういう上司や先輩はいませんでしたね。呼び捨てか「君」付けが常識でした。いま、ようやく時代が五十嵐さんに追い付いてきたということではないでしょうか。それだけ五十嵐さんが先進的だったのですね。

そんな五十嵐さんが私を店長からエリア・リーダーに引き上げてくださいました。

「桂川さんはもっと早く店長を卒業することができたはずだったのに、遠回りをしてきました。いまからでも遅くありません。存分に力を発揮しなさい」

こう言われました。生意気だった自分を指導してくださったばかりか、チャンスまでいただき、そのお陰で数年後には北海道ゾーンのリーダーにまでなりました。感謝しかありません。

２０２０年には57歳で早期退職し、北海道庁の下請けとしてコロナ対策の派遣業務に就きましたが、五十嵐さんがお亡くなりになる約半年前に、横浜中華街でお食事ができ、これが最後の貴重な思い出となりました。ご自分の「最期の時」をすでにご存じだったにもかかわらず、一切口にされず元気に振る舞われたのが印象に残ります。五十嵐さんは、常に私の人生の中にいてくださったのだなあと思わずにいられません。

ロイヤルホストの店長教育の背骨を五十嵐さんが作った

北口 誠
（元・ロイヤル株式会社 専務取締役）

五十嵐さんと出会った1985年頃、私はロイヤル株式会社の専務で、ロイヤルホスト事業部の営業本部長でしたが、当時を振り返って、たいへん大きな出来事と思ったことがあります。それは、故・井上恵次副社長のもとで五十嵐教育部長が先頭に立って作成したロイヤルホストの店長教育マニュアルの完成です。五十嵐さんの一番大きな業績になったのではないでしょうか。

ロイヤル自体は、高級飲食専門店、航空機内食、サービスエリア、アイスクリーム、パン、洋菓子などのフードビジネス事業を展開していましたが、チェーン展開を最初から企図して発足した会社ではありませんでした。チェーン展開を強力に進めていく上で、このマニュアルは大いに役立ちました。

それまでにも事業部ごとのマニュアルは存在しましたが、五十嵐さんはそれらを見直して、「ロイヤルホストの全社員、全クルーによって実行される」ものと明記して、ロイヤルホストの店長教育マニュアルを策定したのです。ですから、ロイヤルホストのスタッフ教育において、五十嵐さんはまさにその中心的役割を果たし、ロイヤルホストの背骨になるものを作ってくださったと言っていいでしょうね。

ロイヤルホストがいまでも生き生きとしているのは、ＯＢとしても本当にありがたいことですが、その背景の一つには五十嵐さんの立派な功績があったと思っていますよ。

証言集⑪
ビジネス交流者らとのエピソード

「仕事と思うな、人生と思ってやれ！」

北田耕一郎
（有限会社コウ・キタダ建築設計工房）

「元気・やる気・茂樹」の五十嵐マネジャーでした。外食の化身でした。

私は、ロイヤルホストの桜新町店、西新宿店の店長時代に、エリアマネジャーとして赴任された五十嵐さんから強烈な指導を受けました。

ことに2年間店長を務めた西新宿店は、当時、都庁移転に向けて喧騒が渦巻く雰囲気の中にあり、正直なことを言えば、身も心も崩壊する一歩手前の状態になりました。でも、職務を全うできたのは、絶対にブレない信念を持つマネジャーのお陰だったのです。

と、殊勝なことを言いつつも、ここだけの内緒の話ですが、家内（旧姓・岡田明子）と五十嵐マネジャーの話をしては、マネジャーの話し方や歩き方、怒りを押し殺した笑顔の真似をして、笑い合います。ごめんなさい、五十嵐さん。でも、これはマネジャーに対する深い愛情表現の一つなんですよ。

ロイヤルを辞めた後、私は独学で建築士になり、八ヶ岳で活動を始めました。いまでは、厳寒地の暖房環境の開発にも取り組み、また原村環境保全審議会会長などを務めて、自然環境の保全にも携わっています。長野県異業種交流委員長や御柱祭頭郷総代頭も務めました。

ボーッとしている暇がないほどの忙しい日々ですが、五十嵐さんがよく言っていたように、「仕事と思うな、人生と思ってやれ！」の考えを持って、自分を奮い立たせています。挫折しそうになると、八ヶ岳の森の中で、「何が何でもの五十嵐！」と自分に言い聞かせていますよ。

証言集⑫
ビジネス交流者らとのエピソード

五十嵐さんの涙が教えてくれた努力の尊さ

久慈 功
（飲食チェーン・スーパーバイザー）

笑顔だけど、眼鏡の奥の目は笑っていない人でした（笑）。なのに、大好物のとんこつラーメンを食べるときは「こうやって、紅生姜をたっぷり入れて食べるのがうまいんだぞ」と開けっぴろげな姿を見せてくれた人でもありました。そんな〝落差〟のある五十嵐さんが大好きでしたね。

１９９３年から99年の間、私はびっくりドンキーに在籍して、やる気だけが自慢の店長で毎日張り切っていましたが、そのとき、直営店の営業部長だった五十嵐さんからこう命じられました。「不振店の再生をしてみろ」って。95年の出来事です。

はじめは、えっ？ 自分が？ と驚きましたが、重要な任務を与えてくれた五十嵐さんのためにもと思って、いつもよりさらに気合いを入れて頑張りました。すると、万年赤字店舗が半年で黒字になったのです。

五十嵐さんは、スタッフの生き生きとした動きを見て、「店がキラキラしている！ 店は店長で決まるんだね。よくやったぁ！」と褒めてくださり、感極まって涙していました。努力して本当に良かった、とこちらまで感激したほどでしたよ。

私はいま、人材育成に当たっていますが、部下を教えるときに、よく思い出すのが、五十嵐さんが自らお客様にサービスしていた光景です。それはそれは、見事なお手本となるようなものでした。ロイヤルホスト仕込みのスマートな動作と接遇で、オペレーションが厳しい状況をたびたび救ってくださったのです。

また、こんな言葉も覚えていて、育成に役立てています。「一番幸せなことは、どこにも嘘がないことだよ」。そして「真実に勝るものはない」ということ。激動の外食産業競争時代を生き抜いてきた五十嵐さんの経験やこうした思いを、ぜひとも次の世代につなげていきたいですね。

証言集⑬
ビジネス交流者らとのエピソード

絶対にブレないご自分をお持ちの方でした

倉地 厚
（上海合点寿司餐飲管理有限公司）

私は1984年から2010年まで、ロイヤル株式会社（現ロイヤルホールディングス）に在籍しておりました。ただし、残念ながら、五十嵐さんとは直接の上司部下の関係はありませんでした。

それでもご縁はありました。五十嵐さんがロイヤルホストの営業部長か事業部長をされていたときのことで、いつも仕事一筋のお姿を拝見していました。いつも電話で、部下を指導・激励・叱責をされていましたね。大きなお声でしたので、自然にその内容がこちらにも伝わってきたことが思い出されます。

これは、私が営業本部長の秘書を務めていたときの話ですが、本部長が五十嵐さんに直接、あるいは車中の電話で指導される場に立ち合いましたが、そんなときも、五十嵐さんは裏表のない方であり、絶対にブレないご自分をお持ちの方だなあと思ったものです。チェーン・レストランのマネジメントができる「真のマネジャー」でしたね。

その後、私は転職し、いまは中国の上海や蘇州でがってん寿司9店舗を経営する立場となりました。このような仕事ができるのは、ロイヤル創業者・江頭匡一氏ほか諸先輩から多くのことを学べたからだと思います。ことに、五十嵐さんの情熱や執行力がお手本になったような気がしております。

そう言えば、五十嵐さんが弊社の本社をご訪問されたとき、私もそのときたまたま日本に帰国していて、再会できました。それは本当に幸運な出来事でした。

そのとき五十嵐さんは「ぜひ中国にも視察に行きたいね」とおっしゃってくださいましたが、叶わぬ夢となりました。このことが残念でなりません。

証言集⑭
ビジネス交流者らとのエピソード

四十年後の再会は人生の贈り物

三瓶文孝

私が五十嵐さんと初めて出会ったのは、1973年4月のことです。大学の軽音楽研究会の部室でした。実は、あとで気づいたのですが、学科が同じでしたので、同じ教室で講義を受けていました。もしかしたら、教室が初対面の〝現場〟だったかもしれませんね。

それはともかく、卒業後、40年近くは一度もお会いする機会がありませんでした。

ところが、です。想像もしなかったことですが、なんと、彼のバンド仲間が東京・江古田でライブを演《や》るという連絡が入りました。それで、懐かしいなあと思い、ライブ演奏を聞きにいって、五十嵐さんと40年ぶりに再会したというわけなんです。

私の地元は福島市ですが、年に3回ほど東京に出る用事がありました。で、これ以降、五十嵐さんとの仲が復活します。横浜へ足を延ばして五十嵐さんと会うこともしばしば、ということになりました。

それにしても、不思議ですね。お互い、全く違う人生の道を歩み続け、長い間会わなかったのに、そのブランクがまるでなかったように、打ち解け合うようになるのですから。

夜の横浜野毛、伊勢佐木町界隈を一緒に歩きました。彼の行きつけの居酒屋や中華、イタリア料理店、私のホームグラウンドである場末のバーやスナックを巡り、カラオケを楽しみ、ミュージック・バーで一緒に音楽を演奏したりしました。まるで学生時代に戻ったかのようでした。

彼の立場をよく考えたら、仕事に関する難しい話や人生訓話などを話してもおかしくはないのでしょうが、そんな話は全くなかったですよ。自慢話や友人知人への悪口も一切ありませんでした。本当に楽しい時間だったなあ。

ええ、私の人生の中で、親しい友人は何人かいるのですが、いま振り返ってみれば、心から尊敬できる親友は彼一人だったと言えるでしょうね。40年後に再会して、「ほらっ」て、その間にたまった人生の贈り物を彼からもらったような気がしてなりません。

ありがとう、五十嵐さん。

証言集⑮
ビジネス交流者らとのエピソード

思い出深い「戦《いくさ》に出陣する男」の姿

角 富嘉
（チタカインターナショナルフーズ
株式会社・取締役副社長）

人との再会というのは、思わぬところで起きるものですね。

私が実家の家業であるチタカインターナショナルフーズに在籍し、担当していたパステル事業が成長軌道に乗った際、井上フードビジネスコンサルタントにお手伝いをお願いしました。私の経験が不足していたからでした。

そのとき、かつてのロイヤルの専務だった井上恵次氏に同行していらっしゃった五十嵐さんに再会したのです。

五十嵐さんとの出会いは、私が五年間在籍していたロイヤル時代でのことです。当時、先輩は人材教育を担当しておられました。

それで、再び、五十嵐さんから教えを乞うことになりました。非常に的確で無駄がないこと、短い期間で多くのことを吸収できたこと、そう言えば、あのときもそうだったなあ、と改めて思ったものです。

あれは、五十嵐さんがコロワイド社に在籍されていて、かっぱ寿司をM＆Aし、いよいよ初出社の前夜のことでした。六本木のピザ屋に呼んでくださったのです。そのとき、五十嵐さんは2時間にわたり、かっぱ寿司の改革について、熱く語ってくださったのです。その口調には情熱がみなぎっていて、いままで見たことのない先輩がそこにいました。まさに、これから「戦《いくさ》に出陣する男」の姿でした。鮮明に記憶に残っています。

弊社では現在、43のFC店舗と三店舗のオリジナル業態店を運営するに至っていますが、その間、五十嵐さんとは定期的に横浜でお会いすることができ、経営相談に乗ってくださっていました。多い年には3カ月に一度というほどに上《のぼ》っていたでしょうか。

病気でご療養中のときも、こちらが心配の声をおかけしなくてはならないのに、五十嵐さんの方から先に「元気にやっているか？」と言ってくださいました。弱々しい姿は絶対人に見せない先輩らしかったなぁ。

飲食業界もコロナ禍で、ますます不透明な時代になってきましたが、また、以前のように「元気にやっているか？数年先を予測しながら迅速に意思決定して行動しろよ」と、天国から応援してくださいね。

証言集⑯
ビジネス交流者らとのエピソード

出社時刻はいつも代表の五十嵐さんが一番でした

高浦洋介
(保険会社勤務)

私は２００４年から15年までの11年間、レインズインターナショナルに在籍しておりましたが、２０１２年にレインズがコロワイドに買収され、五十嵐さんがレインズの代表に就任されました。ですから、五十嵐さんとのご縁はそのときからですね。

私の業務は、運営本部の本部長を補佐する役割でした。レインズ全店の前日の売上げを把握したり、各種指標（原価や人件費）を報告したりするのがおもな仕事でした。

そういった業務であるため、朝の出社時刻が早かったわけですが、私より早かった人がいました。五十嵐さんです。私が出社すると、いつも五十嵐さんがいました。

それで、ある日、五十嵐さんより早く出社しようと思い、それを実行に移すと、次の日は五十嵐さんが私よりも早く出社していました。

恐らく、早朝六時半には出社されていたのではないでしょうか。五十嵐さんが一番で、私が二番。そういう関係になりました。

でも、代表という地位にいながら、五十嵐さんはなぜ、出社一番を心がけていたのでしょうか。直接、その理由をうかがう機会はありませんでしたが、ある種のこだわりがあったのではないかと思っています。

後でわかったことですが、五十嵐さんはオフィスから徒歩10分ほどのところにお住まいでした。私ですか？　私は電車で一時間かけて通勤していました。なので、張り合うことはできません。気持ち良く、五十嵐さんに出社一番の栄誉をお譲りしました（笑）。

で、朝七時半頃に報告が終わると、オフィスの下にあるカフェに誘ってくださいました。話題は、著名な企業経営者の思想やお勧めのビジネス書などです。いま振り返ると、私にとって、とても貴重な時間となっていたように思います。

私は、考えるところがあって、２０１５年に保険業界へと転進しました。多くの同僚から猛反対されました。けれども五十嵐さんだけは違っていました。私の「挑戦」をとても喜んでくださったのです。そう言えば、五十嵐さんはいつも「自分の人生を生きなさい！　他人の人生を生きるな！」と、よく叱咤激励していました。

挑戦し続ける人生――これが五十嵐さんから教わったことですね。

証言集⑰
ビジネス交流者らとのエピソード

「すぐやる とことんやる 出来るまでやる」

武田 章（ホテル総支配人）

２０１７年の8月から11月にかけて、私は宿屋大学のプロフェッショナル・レストランマネジャー講座で、五十嵐先生の講義を受けました。当時、私はホテルの料飲担当マネジャーを務めておりました。

先生はいつもニコニコしていましたが、その表情とは対照的に、力強い言葉が心に残っています。それは「すぐやる とことんやる 出来るまでやる」です。

良い講義を受けたり、勉強になる本を読んだりしてなるほどと思っても、すぐ実行に移さなければ、何も変わらないのですね。

仮に、すぐ実行しても、継続できなければ、中途半端に終わって成果は出ません。

だから、出来るまで突き詰めていけば、それがスタンダードになって、結果に結びつく、というわけなのです。

２０１９年、勤めるホテルの場所が変わり、翌年には総支配人になることができました。しかし、コロナ禍という厳しい状況が待ち受けていました。それでも先生の教えは、私の大きな支えになり、総支配人の仕事に取り組めています。

なぜ、できているのか。「すぐやる とことんやる 出来るまでやる」――この考え方を、私はいまも一番大切にして守っているからです。

五十嵐さんの大好物？うどんを一緒にすすった日々

高橋浩樹
（株式会社アレフ所属）

私が横浜のびっくりドンキー鶴見店で店長を務めていたときのことでした。ときどき五十嵐さんから電話がかかってきたのです。「どう！ 元気？」で始まり、「ちょっと教えてほしいんだけど」と言うのが常でした。

五十嵐さんが株式会社アレフにいらっしゃった当時、びっくりドンキーは年間10店以上のペースで出店していた時期でした。それだけに、五十嵐さんはびっくりドンキーのことを知ろうと、一生懸命のようでした。でも、私にとって、五十嵐さんからの電話はいつもドキドキものでした。何を聞かれるのか、わからなかったからです。

１９９５年11月に私は他部署へ異動となり、直接的な関わりはなくなったのですが、ことあるごとに「元気？」と声をかけてくださいました。そして、３年半後には再び上司部下の関係に戻りました。私の行き先がなくなっていたところを、五十嵐さんが引き受けてくださったのではないかと思います。だから、恩返しをしようと、いつも自分を鼓舞していたものです。

２００１年、私は関東地区のリーダーに就任しました。五十嵐さんと一緒に仕事ができるのが嬉しくて、このときが一番楽しい時期だったと言えるかもしれません。

月に一度、担当区域の店舗を五十嵐さんと一緒に車で巡回するのですが、そのとき五十嵐さんが気づいた改善点をあれこれ指摘しながら教えられ、たいへん勉強になりました。

で、時間の許す限り巡回しますから、食事の時間が不規則になります。「高橋さん…お腹、減ったよなぁ」となって、それからうどん店へ向かいます。

あるとき、「五十嵐さん、なぜ、いつもうどんなんですか」と聞きました。「早いからだよ」と素っ気ない返事です。でも、実においしそうにすすっていました。いつの間にか、私もうどん好きになり、いまでもうどん店に通っています（笑）。

さて、現在は店舗営業から離れた仕事をしていますが、いまだに五十嵐さんの教えが身に染みついていて、役立つことが少なくありません。「自分でできることは、自分でやり切る気持ちで当たれ」といったことなど、自分に言い聞かせて仕事に向き合っています。

ふと、「どう？ 元気？」と言う五十嵐さんを思い出します。そのとき、癖なのでしょうか、一瞬目をつぶるのですが、その後、温かい眼差しが戻ってきます。いつまでも、その温かい眼差しで見守っていてください。

証言集⑲
ビジネス交流者らとのエピソード

五十嵐さんのご著書は私の一生の宝物

力石寛夫
（トーマスアンドチカライシ株式会社　代表取締役）

五十嵐さんとの初めての出会いは30数年前、五十嵐さんがロイヤルホストの店長を務めておられたときの勉強会であったと記憶しています。

数多《あまた》ある外食企業の中でも、特にロイヤル株式会社（現ロイヤルホールディングス）は、かねてから人材教育にとても力を入れており、私も定期的に教育のお手伝いをしていました。五十嵐さんも、受講生のお一人でありました。

その後、五十嵐さんは、教えられる立場から教える立場へと立派に成長されましたね。外食産業の経営的発展に欠かせないチェーン理論の権化となり、ロイヤルのみならず、多くの外食企業の発展に貢献したいという、純粋で強い信念の持ち主であり続けたのです。

中でも特筆すべきは、２００６年に『飲食店の店長実力アップ教本』を上梓されたことでした。五十嵐さんは、その本に「感謝 ありがとうございます。一生一回の人生 夢の挑戦です。今後とも、末永いお付き合いをいただければ幸いです」とサインしてくださいました。この本は私の一生の宝物です。

弊社は、わが国のサービス産業におけるホスピタリティーの重要性を主張して五十年になりますが、私も五十嵐さんに負けないよう、働く人々の心持ちの在り方、意識の在り方に配慮しながら人材育成に励んでいきたいと気持ちを新たにしています。

五十嵐さん、あなたの夢やメッセージは、教え子が必ず実現してくれますよ！

全責任を受け止めるのが五十嵐先生でした

松村慶伊子
（アイルコンサルタンツ）

長い間忘れられない瞬間というものがあるんですね。素敵な笑顔で近づいていらして、「五十嵐です」と、握手を求められたことが強く印象に残っています。

当時、私はアレフ様の顧問を務めさせていただいており、10年ほどを経た後の1994年に、五十嵐先生がびっくりドンキーの営業部長としてお見えになりました。ただし、私の方は多岐にわたって仕事をしていたために、先生とお会いできたのはしばらく経ってからのことでした。私がびっくりドンキー事業部の接客の指導者育成セミナーを始めたことで接点が生まれたのです。

先生とは、店舗巡回でお目にかかり、お話をうかがいました。どんな結果でも、ご自身の責任として受け止めていらっしゃいました。私など、失敗があったとき、それは自分のせいではないと、つい声高に言ってしまいますが、先生は他人に非があったとしても、決してお話になりませんでした。

いや、店長や従業員を大切にしてきたのが先生だったとお話しすべきかもしれません。アレフ様もそうでしたが、繁忙期の後は必ずスタッフを連休させて、リフレッシュしてもらうことを行なっていました。会社や仕事を愛する従業員で溢れるような企業風土、それをつくることが会社を元気にし、強くするというのが先生のお考えでした。

先生がアレフを退職されてからも、いつも声をかけてくださり、セミナーの機会をいただきました。そんな中で、先生の手がけた企業がどれもV字回復しているのを知って、驚いたものです。

驚かされたのは、こればかりではありませんでした。コロワイド東日本にいらした時代、先生は傘下の居酒屋北海道や甘太郎を毎晩巡回しておられましたが、体調管理として毎朝一時間のウォーキングや軽いジョギングを習慣にし、朝食や昼食をとらないで体重管理をされていました。生半可な取り組みではありませんよね。自分を律する先生の意志力の強さには、憧れたものでした。

コロナ禍が広まった2020年のことです。それまでも電話では近況を報告し合っていたのですが、あるとき「実は病を得て、治療中なのです」と、ポツリとおっしゃいました。

心配になり、食事にお誘いしました。直接お目にかかりたかったのです。お痩せになっていましたが、いつもの笑顔で今後のお仕事の抱負をお話しされたので、ホッとしました。

また、その翌年には、アレフ時代の部下の方2人が上京しましたので、五十嵐先生と私と4人で食事をしました。ビールをおいしそうに召し上がって、何とも嬉しそうな表情でしたので、すっかり安心しておりましたが、その後、間もなく、まさか訃報が届くなんて……。

振り返れば、最後の最後まで、本当にかけがえのない時間を五十嵐先生と過ごすことができたのだなあと、いまも感慨に浸っております。

証言集㉑
ビジネス交流者らとのエピソード

異動で視野を広げてくださった五十嵐さん

三浦一郎（児童支援施設勤務）

五十嵐さんがびっくりドンキーの営業統括リーダーでいらっしゃったとき、私は北海道地区のサブリーダーを務めていました。

当時、私は30代後半でしたので、漠然とですが、異動はないものと思い込んでいました。

ところが、です。ある日、五十嵐さんから「全国の不振店の対策を練ってほしい」と言われたのです。「えっ？ 私がですか？」と思わず、聞き返してしまうほどでした。

それで東北地区を、五十嵐さんの指示で一店舗半年以内という枠で巡回しました。

いま振り返ると、これが本当に勉強になりました。地域ごとに違いがあり、これはこれで一つの特色として捉えなくてはならない場合があります。その一方で、スタンダードとして変えてはいけないこともあります。

これらをどう分析して判断し、業績向上に生かしていくかということを考えなくてはなりません。それまで北海道しか知らなかった私にとって、この異動は視野を大きく広げてくれたのですね。

その五十嵐さんが、驚いたことに、先に退職してしまいました。

「えっ、え～、一体、どうしてくれるんだぁ～」と、心の中で叫びました。

でも、五十嵐さん、許して差し上げましょう（笑）。人生って、先のことはわからないものですからね。

私も２０２０年5月末に株式会社アレフを早期退職し（そう言えば、五十嵐さん、この年の11月にお会いできましたね）、知人が運営する児童支援施設に再就職しました。外食とは全く異なる世界です。

それでも、五十嵐さんから学んだことが生きていると感じます。「徹底して、お客様の満足を得よ」。

いまは、支援すべきお子さんやそのご家族がお客様に置き換えられるわけですが、この言葉を肝に銘じて、日々励んでいますよ。

証言集㉒
ビジネス交流者らとのエピソード

「あれもこれもそれもやるのが店長」

三浦幸枝
（株式会社アレフ　お客様相談窓口）

私が25歳でびっくりドンキー道頓堀店の店長を務めていたときのことです。

当時、五十嵐統括リーダーと地区担当リーダーの店舗巡回指導がありました。店舗の状態が悪いときは地区担当リーダーを厳しく指導し、良い状態のときはお客様や従業員を温かい表情で見つめていたお姿が印象的でした。

店舗巡回後は、必ず一店舗ごとに状態評価のレポートをいただきました。定期的に現場で確認される「事実」だからこそ、どのようなことも受け止めざるを得ない、仕事の厳しさと喜びを初めて知りました。

店長の務めが重大であることは、店長会議で教えられました。あるとき、五十嵐さんがこうおっしゃったのです。

「あれもこれもそれもやるのが店長です」

この、店長の役割を明快に定義した言葉に説得力を感じました。雷に打たれたと言ったら言い過ぎでしょうか。新任店長だった私は、この言葉で、ぐっと前向きになれました。何でもやるのが店長の務めなんだ、と。

これに刺激されて、新任で未熟であった私が頭も身体も心もフルに使って仕事をしていくと、店舗の状態が上向きに変化していき、我ながら驚きました。

五十嵐さんは店長というものを信じて期待しているからこそ、この言葉を口にしたのだと理解しました。

私はいま、お客様からの問い合わせに電話やメールでお答えする業務を担当しています。その他、店舗および部内のお客様対応マニュアルを作成することもあります。

このような仕事をしていても、五十嵐さんの教えが生きていると感じています。弊社の経営理念の中に「お客様、我々、全ての幸福を目的とするが、お客様あっての我々という姿勢を守る」というものがありますが、五十嵐さんの教えと重なる部分が多いですね。

と言いますのも、五十嵐さんはこうもおっしゃっているんです。

「飲食店はいろいろ学べることが多いところであり、自分を磨き、成長させることが店の発展につながるのです」

飲食業は単に、食べ物や飲み物を差し出すところではない、実に奥の深い事業であると教えてくださっていたのではないでしょうか。

証言集㉓
ビジネス交流者らとのエピソード

「外食産業界の稲盛和夫氏」

宮城《みやじょう》 崇
（飲食店健全化経営コンサルティング・Wahoo DeCo）

私が株式会社コロワイドに在籍していた際、五十嵐さんと出会いました。

当時、私が担当する組織の数値が上がらず、解散の危機に瀕していた折、五十嵐さんから次のような忠告を受けました。

「君自身は本気の本気で組織を再建するという決断をしているのか？　本当に部下のことを考え、その裏側にいる家族や子供の人生を背負うつもりで本気の行動をしているのか？」

こう言われてハッとさせられたのを今でも覚えています。赤字を抱えた組織を再建する第一歩は、一言で言えば、再建しようと本気で決断し、その覚悟で臨むことなのだと。お恥ずかしながら、当時の私は、そんなことすら気づかずにいたのです。

それに加えて、私は大変未熟でしたので、「これは自分が招いたことではない。この組織の現状は過去からの負の遺産だ」などと考え、心の中はもやもやしたままでした。

その時、五十嵐さんからいただいた書籍、『上杉鷹山《ようざん》の経営学』の一節をふと思い出しました。それが「自分が変わらなければ、組織は変わらない」です。それから、自分を変えることに努め、現場のスタッフ一人ひとりに関心を持ち、コミュニケーションを深めながら、業績向上を実現したのです。

私は現在、日本国内において飲食店専門のコンサルティング会社の経営と、またベトナム・ハノイにおいては飲食店経営やベトナム進出支援を主力事業として活動しています。当時、本当に生意気だった私がここまで成長できたのは、もちろん五十嵐さんのお陰です。

五十嵐さんは生前、「オレは稲盛和夫氏のようになりたいんだ」とおっしゃっていました。稲盛氏は日本航空を再建された方として有名ですが、五十嵐さんは利他の精神で外食産業の再建請負人としての地位を確立されていたと思います。特に「人の成長を通じ、組織をより強くする」を基本に朝から晩まで休み無く行動されていたのがとても印象的です。

残念ながら生前に感謝の気持ちをお伝えする事は叶いませんでしたが、今でも五十嵐さんの教えを基本に活動しています。それがせめてもの恩返しになるのではないかと考えています。

ホテルオークラ住まいの噂を立てられた五十嵐さん、その真相は……

吉田英高
（合同会社 NauticalStar）

あるとき五十嵐さんについて、あらぬ噂が立ちました。

「ホテルオークラにずっと泊まっていらっしゃるらしいよ」

一時期、六本木にオフィスがあったとき、徒歩通勤している五十嵐さんを見て、社員たちがこう噂したんですね。

奢侈《しゃし》を嫌う五十嵐さんのことを知っている私にとっては、驚くやら可笑《おか》しいやら。実際は、近くのウイークリー・マンションを借りての通勤だったのですが。

でも、なぜ、職住近接だったのでしょう。

五十嵐さんは、一年間に三日間しか休みを取りませんでした。元旦とお盆の二日間だけでした。しかも、朝七時には出社して、夜は自社店舗の臨店、と超ハードワークをこなしていました。それを果たすためには、職住近接でなければならなかったのですね。

それにしても、誰もいないオフィスで机に向かい、ノートに何かを書きつける姿は、鬼気迫るものがありました。ご相談したいことがあっても、容易に声をかけられません。

そして、その緊張感を保ったまま、幹部社員を集めての朝会に臨みます。五十嵐さんの気合が伝播し、会議室はただならぬ雰囲気に包まれます。

朝会の前に「胃が痛い」とこぼす幹部社員の言葉をよく聞きました。しかし、不思議と「朝会に出たくない」と話す人はいませんでした。

ときには、報告の内容が悪くて、厳しい叱責が飛んできたこともありましたが、感情に任せて声を荒げるということではないんです。五十嵐さんの話す言葉が、常にご自身と相手の果たすべき責任に基づくものでした。ともかく、形ばかりの会議、意味のない叱責など一つもなかったのですね。

それで、ひとたび朝会が終わると、カフェに行って、喫煙席で談笑となります。雰囲気が一気に変わります。私がいまだに禁煙できないのは、たぶん五十嵐さんのせいですね（笑）。

申し遅れましたが、私は、２００７年の11月に、コロワイドの入社面接で初めて五十嵐さんにお会いしました。私もロイヤルの出身なので、大先輩に当たるわけですが、私に丁寧に接してくださり、感銘を受けて入社を熱望したほどでした。

その後、長らく上司部下の関係として有意義な時間を過ごすことができたわけですが、私が２０２０年にコンサルタントとして独立してからも、常に目配りしてくださいました。「自分の人生は自分で背負うしかないんだぞ」、「本を書けよ」、「私はこれだけ書いたぞ」と、うるさいほど言われました。

２０２１年５月、ご自宅で最後のご挨拶をしたとき、残念ながら、本をお渡しすることはできませんでしたが、ええ、もちろん書きます、ご安心ください。いつか、きっとご報告にうかがいますから。

エピローグ

㈱オータパブリケイションズ
代表取締役社長　太田進

〝生涯現役〟を体現したビジネス戦士に敬愛を込めて

株式会社オータパブリケイションズ
代表取締役社長　太田進

とても紳士で落ち着いておりながらも情熱や迫力を持つ…オーラのある方だなというのが五十嵐茂樹さんの第一印象でした。

物腰、話し方も柔らかく、なによりも笑顔でお話しになる優しい語り口調は私だけでなく多くの人に好かれる、そんな雰囲気をまとっていました。実はこういうタイプの方は、怒ると大変怖い（一度も怒る姿は見ておりませんが）という法則もありますが、証言集に寄せられた皆さまの言葉を借りれば「愛情にあふれる人」であったことを改めて感じております。

五十嵐さんとは、よくフードビジネスの話をしました。

ある時、アメリカのＦＢ（Food & Beverage）マネジメントの話になると、世界から注目されていたホストマリオット（当時は世界一と注目されていた）の、常に進化させていくという仕組み、効率の追求や当時の日本ではどこでもやっていないことを推進していく気風などを、ロイヤル時代に現地で学んだと話してくれました。まったくもって先を越されている日本の現状に打ちのめされながらも、アメリカで体感したとてもエキサイティングな仕組みは、同社およびその後のキャリアにおいて、五十嵐さんは実際に導入したり、試したりしたと知り、その情熱と行動力に感心したものです。

弊社創業の太田土之助がロイヤルの江頭氏と交流があったのも大きく、ロイヤルが日本の外食産業で果たした軌跡に私自身も興味がありました。ロイヤルが日本でやってきたこと、特に店長教育マニュアルの構築に五十嵐さんが尽力していたと知り、さすがだなと思いました。と同時に、今後のホテルの世界でも五十嵐さんの目線や考え方を伝授していただきたいという思いが募り、弊誌での連載をご依頼したのが、２０１６年だったと思います。

『仕事が人生　～すべては学びの人生だった～』で五十嵐さんが記した遺稿《ことば》は、ビジネスの根幹であり、常に経営者やリーダーが頭の片隅に置いておかなければならないとても大事なことが綴られています。トップクラスのリーダーならば、どれも頷ける、納得のいく珠玉のメッセージであり、長年戦ってきた五十嵐さんの大事な言葉です。その言葉をしっかり咀嚼《そしゃく》し、大事に活用していただけたらと思います。五十嵐さんが言葉（原稿）としてまとめられた過程には、数々のトライ&エラーの末、さらにまた他でトライして煮詰めて、煮詰めて、導かれた言葉（メッセージ）なので、大変わかりやすく読みやすい文章になっています。それは、ここまでのプロセスで五十嵐さん自身が苦しんだり、もがいたり、凹んだのちに、やはりこうでないとダメだ、と行き着いた答えとも言えます。読後、理解はできても実践は読むほどに簡単ではないことを感じると思います。その「貴重なメモ」の集大成が、日々の気づきを促すものになればと思います。

生前、もっと彼の思いを広く伝えていくことができたらとの後悔もありますが、今回、五十嵐夫人の強い思いを受け、五十嵐さんへの感謝の気持ちを込めて、本書を完成することができました。ぜひ五十嵐茂樹さんの仕事への思い、その姿勢を感じることで、昨日より今日、今日より明日と向上していくマインドの醸成につながればと願います。

エピローグ

五十嵐茂樹

1954年福井県生まれ
大学を卒業後、㈱ロイヤルで店長・エリアマネジャー・営業部長・教育部長を歴任し、その後㈱アレフで営業統括としてびっくりドンキーの全国展開を指揮する。2002年には㈱五十嵐マネジメント・サポートを主宰し、多数の企業再生を手掛け、その後それまでの経験を下に事業再生を専門とするプロ経営者の道を歩む。05年㈱ジャパンフードシステムズ代表取締役社長（タパス＆タパス）、08年㈱コロワイド東日本代表取締役社長（甘太郎・北海道等）、12年㈱ダブリューピィージャパン代表取締役社長（ウルフギャングパックカフェ）、㈱レインズインターナショナル代表取締役社長（牛角・温野菜・土間土間等）、14年カッパ・クリエイト㈱代表取締役社長（かっぱ寿司）、17年再びフリーランスとして企業再生に携わる。
著書に『飲食店の店長実力アップ教本』『店を伸ばす自分を磨く仕事のやり方』（共に旭屋出版）がある。

富田昭次

1954年東京都生まれ
1979年から89年まで株式会社オータパブリケイションズに在籍し、『週刊ホテルレストラン』などの編集に携わる。独立後は、ホテル旅行作家、歴史作家として活動。おもな著作は、『東京ヒルトンホテル物語』(オータパブリケイションズ刊1996年)、『ホテルと日本近代』（青弓社刊2003年、08年に韓国で翻訳版を発行)、『旅の風俗史』（青弓社刊2008年、15年に台湾で翻訳版を発行)、『サービスはホテルに学べ』（光文社新書刊2011年)など。ホテルの文化や歴史、旅にまつわる史実の探求に邁進しながら、数々の著書を手掛けている。

仕事《シゴト》が人生《ジンセイ》 ～すべては学《マナ》びの人生《ジンセイ》だった～
外食産業《ガイショクサンギョウ》を駆《カ》け抜《ヌ》けた男《オトコ》の遺稿《ことば》

2023 年 6 月 1 日　第一刷

著者　五十嵐茂樹（イガラシ シゲキ）／富田昭次（トミタ ショウジ）

発行者　太田 進

発行所　株式会社オータパブリケイションズ
http://www.ohtapub.co.jp

東京都中央区銀座 1-24-1 銀一パークビル 5 階
郵便番号　104-0061
電話　03-3538-1001

表紙デザイン　企画デザイン事務所シーマック 嶋方祥子
制作　kens production

印刷・製本　富士美術印刷

ISBN978-4-903721-97-2 C0034
printed in Japan